NO TODAS LAS FLORES ENTIENDEN EL VIENTO

ANTOLOGÍA POÉTICA DE HATIF JANABI

NO TODAS LAS FLORES ENTIENDEN EL VIENTO

ANTOLOGÍA POÉTICA DE HATIF JANABI

TRADUCCIÓN DE KHÉDIJA GADHOUM

POÉ
TIC
AS

Número 3 de la Colección Azul de poesía de Poéticas
dirigida por José Sarria

Diseño de la colección: Chari Nogales

Primera edición: septiembre de 2025

© Del texto: Hatif Janabi
© De la traducción: Khédija Gadhoum

© Poéticas S.L.
  Bulevar Louis Pasteur 5, planta 2, oficina 321, 29010, Málaga
  www.poeticasediciones.es

ISBN: 979-13-87538-82-8
Depósito Legal: GR 1205-2025

Publica: Valparaíso Ediciones
www.valparaisoediciones.es

Impreso en España - *Printed in Spain*
Gráficas Gami

NO TODAS LAS FLORES
ENTIENDEN EL VIENTO

LA NAVE DE LA POESÍA

Me siento afortunado de que, a lo largo de los años, algunos amigos me hayan animado a publicar mi poesía en varios volúmenes para que esté al alcance de los lectores apasionados por las letras árabes, más allá de sus motivos, sensibilidades estéticas y conocimientos intelectuales, e incluso aquéllos con cierto grado de indiferencia hacia la poesía. Mi respuesta siempre ha sido un gesto de buena voluntad para calmar mi ánimo turbado, aunque en realidad me hubiese agradado contestar lo contrario: por un lado, actuar con cautela y por otro, aducir contratiempos o incumbencias para revisar mi escritura y por consiguiente, tomarme un respiro con respecto a tal asunto. A mi entender, toda verdadera obra de arte trasciende la vida de su creador alzando vuelos de nuevos significados, aunque esté sometida a enredos ineludibles de percances y desafíos. No obstante, mi reserva al experimentar mi vivencia estética en el laboratorio del lector -crítico, parece ser el motivo principal de mi inseguridad prolongada. Por último, es imprudente pensar que un poeta tenga una fe inquebrantable en el valor de su obra, pues la poesía, en su esencia, está en contra de toda certeza y quietud. Es una energía en movimiento que se renueva constantemente en el laboratorio de la vida, la sociedad y la naturaleza.

La poesía es un espacio de creación abierto a todas las posibilidades. Mi acercamiento al poema se basa en la idea de que al ser yo quien lo compuso, puedo darme el gusto de leerlo todas las veces que sean necesarias, a fin de explorar nuevas alternativas hermenéuticas, mientras que publicarlo me impide ahondar en dicha exploración. Al cabo de un tiempo, dichos argumentos no han logrado resistir la sensación de insidia y fluidez del tiempo, y tampoco la tentación de ver hecha realidad la obra que se ha escrito en vida. Por el contrario, me han llevado a poner fin a mis vacilaciones y dedicarme a perfilar los contornos de los poemas, despojándolos del lastre que se ha generado y revelar su esencia y su valentía por el ancho río de la poesía.

¿Acaso no es la poesía una nave solitaria entre las olas?

He tratado de prescindir de los prólogos de mis libros en su segunda edición para dejarlos valer por sí mismos sin muletillas ni decretos. Mi poesía está arraigada en la métrica árabe clásica y su precisa columna rimada (o la construcción vertical de hemistiquios unidos por la misma rima), bebiendo de la poesía moderna en su verso libre, y posteriormente, del poema en prosa y el texto abierto. Sin embargo, con el tiempo y en virtud de mi interés por el ritmo interno de la poesía, he procurado inconscientemente que en cada poema prevalezca la dimensión lírica, porque el predominio de la prosa sobre la poesía sería equivalente al ocultamiento de un bonsái en un monte. La mayoría de mis poemas se inscriben en la modalidad moderna / contemporánea del verso libre, el verso en prosa y el texto libre, pero me he percatado de que los poemas creados aproximadamente en los últimos treinta años, experimentan con ritmos de distintos niveles, rompiendo con los moldes tradicionales de la poesía árabe.

¿Habrán forjado su propio camino?

Mi experimentación creativa me ha llevado a componer algunos poemas (textos) en forma fragmentada, manteniendo su integridad, es decir, una nueva arquitectura que busca una armonía poética del espacio y el lenguaje. Una estructura interna en donde he tratado de conciliar mi pasión por el arte visual con la geometría de la escritura, sin prescindir del significado y el contexto cultural del poema, en cuyo tejido se retro-alimentan y se complementan. Por otro lado, desconfío de la poesía que carezca de imaginación y reflexión, pero tampoco me fío de la que se exceda en el uso de la narración y el informe periodístico. Si bien el poema nace a partir de una manifestación subjetiva de una experiencia, un espacio y un tiempo determinados, su dimensión literaria y cultural está destinada a trascender fronteras y alcanzar distintos horizontes universales y humanistas.

Por último, es mi anhelo que la presente "Nave de la poesía" llegue a buen puerto y, por ende, logre despertar el interés y la sensibilidad de los lectores hispanohablantes a través de esta antología traducida del árabe al español y presentada por primera vez por la poeta y traductora Dra. Khédija Gadhoum. Se trata de la sexta de una serie de antologías de poesía publicadas en los idiomas árabe, polaco, inglés (EE.UU., 1996 y el Reino Unido, 2022), y francés (2027).

Hatif Janabi

INTRODUCCIÓN[1]

KHÉDIJA GADHOUM

M.A. y Ph.D. (Ohio State University) en Literatura y cultura latinoamericanas contemporáneas. Profesora de la Universidad de Georgia (UGA, EE.UU).

En Babilonia, entre auroras y orillas, la poesía sangra "hasta por el ojo de una aguja". El huérfano silencio no tiene cabida en el blanco y negro de las cumbres.

—"El anciano aún sueña".

Allí cuelga la Estrella del Norte sobre Kirkuk, Zakho y Zab.
Allí permanece la huella del paso hacia el incógnito destino.
Allí se esparce el alfabeto para que vuelva a escribirse el origen.
Allí la blasfemia y la sabiduría barajan parlamentos inconclusos.
Allí el ávido pulso del Hombre Universo.
Allí nace "el proyecto (de) una pregunta": ¿Soñar en Babilonia?

—"Y, el anciano aún sueña".

---

1   Las citas en esta antología, a menos que se indique lo contrario, proceden de los poemas y comentarios de Hatif Janabi en su entrevista exclusiva con Khédija Gadhoum, "El poeta y su obra". (Birmingham, enero- febrero, 2025).

"Ahora no (sabe) / si entrar al infierno / o subir la escalera de los mártires." En la errancia la ausencia atesora cuerpos, almas y canteras en busca de alguna pertenencia, mientras los gusanos se arrastran en la desnuda barbarie que "Dios ha aborrecido".

—"Y, el anciano aún sueña" con un manantial de besos.

Desde el oriente hasta el occidente, la esperanza vuelve a "tamizar las impurezas" del olvido, a fin de alumbrar la inconcebible rosa entre grietas y tumbas, de cuyo cerco ha de liberarse el himno de las musas, implorando el nombre del "viento...que un día vomitará su presente".

No obstante, volver es un verbo tardío e invisible su despedida. Entonces, ¿para qué volver?

Los poros del cuerpo al compás de las estaciones.
El anciano se entrega al "sello y el lacre" del tiempo, recogiendo el barro que un día predijo el oráculo del primer amor.

—"El anciano (ya) no se parece a sí mismo".

No todas las flores entienden el viento, es una abundante cosecha de *versos de circunstancia*, como decía Stéphane Mallarmé, de una de las voces contemporáneas más destacadas de Iraq y del mundo árabe y occidental. Esta selección —de una obra mucho más extensa y diversa—, se propone familiarizar al lector hispanohablante con la singular "nave" en la que el poeta Hatif Janabi ha embarcado sus experimentos literarios y existenciales, a fin de moldear una escritura introspectiva, simbólica y humanista. Una escritura singular "más allá del color" en ritmo y tono, en sentido y sensibilidad, muy arraigada en intertextualidades literarias y culturales, así también en referencias modernas, tanto explícitas como implícitas, en donde cada poema se torna un acervo de reflexiones filosóficas que, mediante recursos literarios y figuras retóricas, intenta atraer al lector a la presteza circunstancial del aquí-ahora, a su debido tiempo y lugar, para sellar la *circunstancia* comunicativa y por tanto asegurar su inmortalidad.

Dos poemas inéditos, *Más allá del color* (2025), *No se parece a sí mismo* (2025), *Silencio* (2020), *Invitado* (2018), *El banquete de los peces* (2017), *Si entras en nuestra casa, tus pies besarán el umbral* (2014), *Encuentro al filo de una navaja* (2012), *Deseo entre dos nubes* (2009), y *Paraísos, ciervos y militares* (1998), son obras de innegable valor literario que, por un lado se caracterizan por la riqueza de su expresión poética y su alcance polisémico, y por otro la exploración de temas universales como, el exilio y la fragmentación identitaria, la cartografía de la trayectoria existencial y las estrategias de reconciliación entre la pérdida y la pertenencia a una realidad ambivalente. Los poemas seleccionados de estas obras dejan resonar un tono intimista que vuelve una y otra vez a cuestionar, mediante el uso de representaciones verosímiles, así como reconstrucciones oníricas, la "insoportable levedad" del ser y su eventual extrañamiento en múltiples entornos, desarticulando herméticos núcleos discursivos, políticos y socio-culturales. Es decir, una voz comprometida con una hermenéutica dialéctica de la micro-historia de la sociedad iraquí que aún busca su emancipación y liberación después de décadas de guerra, opresión, violencia, desplazamiento y violación de derechos humanos.

La obra lírica de Hatif Janabi se inscribe inicialmente dentro del marco efervescente de una escritura árabe moderna y adaptativa de algunas influencias precursoras de vanguardia en Europea y América Latina, en las primeras décadas del siglo XX. Una nueva escritura que se destaca por su ruptura con la métrica tradicional, la experimentación artesanal con nuevas formas lingüísticas y sintácticas, la libertad de expresión sobre temas que antes eran considerados tabúes y la intertextualidad entendida como intersección e interacción de la poesía con las artes y el entorno natural, como en el caso de la lírica visual o ecfrástica y la eco-poesía. En su nueva búsqueda estética considerada revolucionaria para aquel entonces, tanto Janabi como otros escritores iraquíes de pluma dorada, de los años setenta del siglo XX, (Adonis, Badr Shakir al-Sayyab, Nazik al-Malaika, Abd-al-Wahab al-Bayati), se dedicaron a diseñar y desarrollar el verso libre y la poesía en prosa, reconociendo "al escritor como agente independiente, creador y crítico de una *nación imaginaria*, a pesar de la adversidad, la repudiación, la censura y la protesta", y en particular, el estado de degradación humana y natural en que sobrevivía el pueblo iraquí.

Los poemas aquí presentes conllevan la traducción del árabe al español de una propuesta de escritura elaborada en distintos tiempos y espacios, (el Iraq de pre-/pos-guerra; Polonia-Europa, África y Asia), así como géneros y formatos (oda, himno, elegía, sátira, haiku, y verso en prosa, acudiendo a veces a la meditación narrativa y el flujo de consciencia. Una escritura, sin duda, de carácter mutable y asíntota de la poética del desarraigo, cuya subjetividad se halla en contínua confluencia de construcción y retroacción, entre las arenas finas de Babilonia y los gélidos Cárpatos de Polonia. Con el latido propio de un poeta apátrida, Janabi desea trascender "una realidad despreciable, aferrándose a lo mágico e invisible, en busca de la salvación" (El-Badr). Su poesía fluye mientras confluye con la alegoría de la diáspora que la caracteriza, dejando libre el verso y ágil su ritmo, para que "sea fresca como el aire, guardiana de la imaginación, la inocencia y la palabra, más allá de las sombrías discordias ideológicas y nomenclaturas exclusivas" (El-Badr).

El poeta su vida y su obra

Antes de explorar la extensa obra de Janabi, es importante señalar las entrañables vivencias y memorias entrañables que han influido y enriquecido la misma. Cada poema es un espejo singular que "explora los espacios de su pensamiento de forma justa", destacando etapas cruciales de su trayectoria en las que "se han entrelazado países y continentes, pueblos y culturas", tal como elabora ampliamente Sh'hadeh en su trabajo seminal sobre el poeta expatriado y las múltiples realidades o virtualidades de su escritura y su articulación con los mitos y los símbolos, haciendo hincapié en la magnífica intervención del Adnan Abbas: "la trayectoria creativa de Janabi, que se acerca a los cincuenta años…'refleja el asombro, las ramificaciones y las angustias relacionadas con el proceso creativo, su abundancia y su calidad'" (Sh'hadeh).

Nacido a orillas del río Éufrates, Iraq, en 1952, Hatif Janabi es un distinguido intelectual multilingüe árabe-polaco-inglés, entre otros idiomas, poeta, escritor, ensayista, traductor de literatura polaca al árabe y de la literatura árabe al polaco, arabista, filólogo polaco y estudioso de la dramaturgia y el teatro y profesor jubilado de la Universidad de Varsovia, Polonia y, por último, aunque no menos importante, es defensor de los derechos de las minorías étnicas perseguidas en Iraq y otros países árabes. Su obra es compleja y abarca distintas áreas, entre ellas la lengua, la literatura y la cultura del mundo árabe, así como la literatura polaca, la cultura fronteriza y la literatura de la emigración y la diáspora. Es licenciado en Estudios árabes de la Facultad de Artes de la Universidad de Bagdad en 1972, pero por motivos políticos fue obligado a salir de Iraq en 1976[2] y exiliarse en Polonia, donde estudió en la Universidad de Varsovia y se graduó con una maestría en 1979, y un doctorado en Estudios Comparados de Teatro en 1983. A partir de entonces, se desempeñó como profesor e investigador académico en el Departamento de Estudios árabes e islámicos, sin dejar de lado su activismo cultural y mediático, hasta su reciente jubilación. Además de su elogiada experiencia académica en la Universidad de Varsovia, Janabi fue invitado como catedrático de literatura árabe y arte dramático en la Universidad de Tizi-Ouzou, Argelia, entre 1985-1988. Poco tiempo después, fue profesor visitante en la Universidad

---

2   Resulta de suma trascendencia esta fecha en la vida y trayectoria del poeta, quien nos confiesa: "Ante la hegemonía de las ideologías nacionalistas e islamistas, fui obligado a emigrar en agosto de 1976, porque formaba parte de una lista de escritores sometidos al bloqueo y la exclusión que casi me aniquilaron como ser humano y poeta" (Ibid., "Hatif Janabi. El poeta y su obra").

de Indiana en Bloomington, EE.UU., entre 1993-1994. Es autor de más de cincuenta volúmenes de poesía, estudios críticos y traducciones, y miembro activo de asociaciones literarias y científicas polacas, iraquíes y extranjeras. Su fructífera obra ha sido traducida a más de trece idiomas, recorriendo varias cartografías lingüísticas y culturales, entre conferencias científicas, encuentros literarios y festivales artísticos, y galardonada con honorables premios literarios internacionales como, el *Premio Anual de Poesía Traducida*, otorgado por la University of Arkansas, EE.UU., al mejor libro de literatura árabe (1996), el *Premio Witold Hulewicz*, por su trayectoria literaria (Varsovia, 2003), la *Medalla Europea de Poesía y Arte Homero* (2019), el *Premio Transatlántico* (2023), concedido por el Instituto Polaco del Libro, por sus destacados logros en el campo de la traducción y la *Medalla Zygmunt Krasinski* Varsovia, (2024), y por último su nominación al prestigioso *Premio Internacional UNESCO-Sharjah de Cultura Árabe*, por sus aportes significativos a la cultura árabe y "la mediación intercultural, a través de sus numerosas traducciones y estudios críticos de literatura árabe y polaca" (Jouan).

Janabi es indiscutiblemente un referente representativo de la literatura árabe contemporánea. A lo largo de su trayectoria literaria y profesional, se ha dedicado a indagar en el ser y su identidad, partiendo de sus múltiples intersticios ontológicos filtrados por "el prisma del color, la expresión y la visión". Su poesía se inspira en fértiles manantiales, desde sus primeras lecturas de la poesía árabe clásica y moderna hasta los libros sagrados de todas las religiones y creencias, aprovechándose de la traducción poética, y la literatura sufí. En su afán de hallar un nuevo "lenguaje más compacto, denso e intelectual unido a la búsqueda del yo", Janabi se considera más afín a los poetas preislámicos como, Amr al-Qays y Tarafa ibn al-Abd, e incluso Rumi. Por otro lado, el influjo del verso poético, ritualista y dramático de los textos sagrados, tanto de la Biblia como el Corán, lo ha llevado a apasionarse por los mitos, las supersticiones y las antiguas escrituras y epopeyas, como la epopeya de Gilgamesh. En La Universidad de Bagdad, descubrió la poesía y la prosa extranjeras traducidas del inglés, francés, italiano, alemán, ruso y español, de Federico García Lorca, Rafael Alberti, Pablo Neruda, Cervantes, César Vallejo, Dante, Johann Wolfgang von Goethe, Rainer Maria Rilke y Paul Celán, entre otros, cuya biografía y obra terminaron siendo casi su propia piel. A la luz de lo anterior, la poesía de Janabi fue apropiándose de cotidianeidades paralelas y alimentándose de palimpsestos de vulnerabilidades, grabando retazos de recuerdos, a fin de habitar el desierto humano, su soledad y su indiferencia con las "ventanas abiertas" de la experiencia lírica. Al principio, la semilla de la escritura fue "iraquí" y su horizonte una "soga alrededor del cuello", pero con el tiempo "se fue liberando de toda frontera", a pesar de que "el ambiente literario y cultural iraquí fuera (y sigue siendo) una reserva inagotable de creatividad, estruendo y glamour, así como de silencio, melancolía y, cada tanto, desconcierto" (Jouan).

¿De qué modo podríamos acercarnos al universo intelectual y lírico de Janabi? ¿Habría de leerlo como un conjunto de crónicas circunstanciales y experimentos individuales, o un gesto romántico de compromiso ético-universal? Sería más sensato conocer al ser-poeta, más allá de su notoria estatura y sentir su impulso en cada verso que escribiera "bajo distintas máscaras". Pues cada poema es un "eco de lucha" y su poesía "lo es todo".

No todas las flores entienden el viento, "no es un libro, sino un camino de palabras hacia la memoria", rescatadas de registros que detallan etapas de crisis, enajenación y sufrimiento (Kavi). Es una antología de ritmos y latidos que, según Janabi, llaman a "renovar su precaria circulación sanguínea...después de que la muerte se haya cerrado en el cuello del alfabeto". Ante los confines del vivir y su imaginario, el poeta elige abrazarlos, haciendo del exilio una segunda naturaleza, es decir "(su) barrio, (su) conciencia, (su) existencia y (su) destino". Nunca ha imaginado tener la capacidad de sobrevivir, mas su fuerza lírica ha logrado producir en la distancia una cierta simbiosis entre su cotidiano frío y su efímero abstracto, "al igual que las etapas artísticas de Pablo Picasso". En su empeño de arraigar su dispersión individual, rompe con el molde tradicional y convencional de la sociedad iraquí, sumergida durante décadas en "un exilio espiritual y físico, en el que el intelectual se halla como un tambor agujereado en una guerra perdida, un ser derrotado, dependiente, sumiso, encadenado, frustrado, luchando por su liberación de la opresión, la tiranía y el atraso" (Darwish).

En el exilio Janabi vive el cotidiano desafío de "un espacio de fuerzas centrífugas/ centrípetas a fin de habitar el mundo que es ajeno al país" (Hernández), un doble exilio en el que la memoria/desmemoria, dentro y fuera de Iraq /[dentro/fuera de Polonia; dentro/fuera de Inglaterra], resulta una orilla que se aleja y se acerca y en cada marea sueña con "la construcción del yo". Su arma es su esperanza[3], su nueva seña de identidad, un posible anclaje pese al trauma y la alineación en espacios liminales, tanto externos como internos, porque "lo que hace infeliz al exiliado/ es que no puede discernir el hogar del pasto".

El exilio permea directa e indirectamente los poros de casi todos los poemas. La Madre- matriz/Iraq, es un lienzo de recuerdos que el poeta intenta inmortalizar de sus lazos familiares. Tanto "La Madre Whistler" como la madre de Janabi comparten no sólo el blanco y el negro de sus tocados y la serendipia de sus rostros y cuerpos, sino también sus luchas durante las guerras. Entre la sombra y la luz, las dos mujeres destilan en silencio su edad en pos de un destello o un horizonte que ha dejado de existir: "*La serendipia no hizo más que acercarla (mi madre) a la muerte / y agrandar la distancia de su virginidad jurada al exilio…/ Ni la blancura ni las oraciones a los santos vinieron a su ayuda…/ Se evaporó como la misericordia de Iraq*". A partir de la ausencia, tanto las pinceladas como las letras extraviadas dejan estampadas las imborrables matrices "soñadoras" de paz y esperanza. Por lo tanto, el poema-lienzo adquiere un valor polisémico: es a su vez "la patria madre" deslocalizada y el "imaginario locus" reubicado[4]. Asimismo, al desplazarse el cordón umbilical que conecta

---

3   En contextos de guerra, violencia y sufrimiento, la esperanza se convierte en una herramienta de supervivencia. "No es la convicción de que algo va a salir bien, sino la certeza de que algo tiene sentido, independientemente de cómo resulte" (Václac Havel).

4   En su análisis de "las trayectorias exílicas y las patrias textuales" en la poesía árabe moderna, Al-Musawi debate sobre 'la evolución del poema como tropos desplazador', es decir "el poema-hogar como construcción voluntaria que ejerce sobre el recuerdo/ la memoria para construir una reubicación imaginaria" (Muhsin Al-Musawi. *Arabic poetry: Trajectories of Modernity and Tradition*. London-New York: Routledge, 2006).

al ser con la placenta-*natal* o "Patria-*Homeland*"[5] se vuel-
ve un extraño "temblor en el cuerpo" mapeado por la
"*Ghorba*"[6]. Janabi admite "la pérdida del hombre y su in-
capacidad "casi fatalista" de reconocerse e identificarse,
quien al no parecerse a sí mismo, sufre una fragmenta-
ción existencial, identitaria y expresiva". Un sujeto lírico
en quiebra que sobrevive entre grietas, digresiones e inte-
rrogantes infinitos, tal como "el inextricable enigma de su
nacimiento",

> *¿Cuándo vi la luz y la oscuridad, en qué mes o dos,*
> *en qué estación? Sabían cuántos años tenía la vaca*
> *cuando murió...*
> *Ahora que mis padres ya no están, ¿quién podrá descifrar*
> *estos misterios? ¿Quién me dará un beso en la frente*
> *aunque sea una vez en una fecha imaginaria que yo creo*
> *que es mi difunto cumpleaños?*
> ("A la medida de un pulso")

La experiencia diaspórica nos pone "al filo de
una navaja", de cara a la "Ausencia = ausencia", el estado
de vacío, no tanto como un "tema ajeno", sino como un
"destello del espacio, la historia, el aliento y los estados

---

5   En el poema "Patria - *Homeland*" el poeta reproduce sus remi-
niscencias de luto, extrañamiento y ostracismo en el exilio: "*Un temblor
sacudió mi cuerpo / busqué la razón / y me encontré con los labios apretados / por
una patria devorada por la muerte / en el ocaso árabe*".
6   "In modern terms, *Ghorba* -as conceptualized by Sufis- pro-
vides a traditional basis helping the modern Arab subject cope with
the experience of displacement, by shifting the paradigm of belonging
from the realm of geopolitics to that of spirituality and ethics" (Walid
El Khachab."Sufis on Exile and Ghorba: Conceptualizing Displacement
and Modern Subjectivity". *Comparative Studies of South Asia, Africa and the
Middle East,* vol. 30: 1, 2010, pp. 58-68).

de ánimo" del poeta. Despojada de cualquier "fragancia, rocío y brasas", la ausencia, en su sentido metafísico, le ha servido de sustento enmascarado para acompañar (su) escritura arraigada en la cultura árabe"[7]: sus niños y mujeres, su vergel y desierto, sus picos y valles, sus colores y olores, y sus dioses amparados en "el reino de las palabras", al igual que *el palito en el frasco del Khol / que se aferra al asa del tiempo*". El encuentro al filo de una navaja es un precario equilibrio entre la vida y la muerte, la presencia y la ausencia, el trauma de la desolación y la esperanza de la paz, ante lo bello y lo monstruoso del/ en el exilio. Allí, en ese filo sensorial se convida a una nueva "forma de invierno" como bien define Luis García Montero, el "cuerpo del hombre derrotado en la nieve". Allí, en "las cuencas de los ojos", el universo se detiene para contemplar su milagrosa creación, como los "rizos de una rosa antes de florecer". *Al filo de una navaja*, una mano escribe la poesía-sangre escarbando en sus líneas y ahogándose en Mesopotamia después de haber sellado su epopeya.

¿Quién es el *Invitado*, cuando "(el poeta exiliado) es un huésped de (sí mismo), del cuerpo, del lenguaje, de Iraq, de Polonia, de Gran Bretaña, y de toda cartografía, un huésped trashumante y trascendental"? Ser *invitado* es estar en tránsito, siguiendo el "informe del espejo", tal como se manifiesta en una "*película sobre la Guerra del golfo / en la que los generales hablaban de victoria, / los tiranos fantaseaban con vencer a la muerte / y el pueblo menguaba, / con un*

---

7   Dice Janabi: "Cuando uno viaja, está ausente, y cuando la ausencia se prolonga, adquiere una dimensión dramática y ritual. Dios, a pesar de su presencia religiosa y espiritual, está ausente, y la mayoría de las religiones tienen sus propias 'ausencias' que cautivan a sus seguidores. Nuestra propia imaginación forma parte de nuestra ausencia".

machete atravesando la médula ("La muerte de Shahrayar"), o tal vez un encuentro sensual con "dos cuerpos" que arden y renacen en el "Libro de la Eternidad".

El invitado errante es el "ser-ahí", en términos de Martin Heidegger, cuyo proyecto de vida alude no solo a su capacidad de ser-en-el mundo, sino también de proyectarse allá, en su devenir:

> *El viaje es mi espejo,*
> *pero la imagen es más amplia que la engañosa vista*
> *cuando me ves inclinado sobre el cántaro derramado,*
> *en el laboratorio de toda una vida entregada al reino de*
> *lo invisible.*
>
> ("Sello y lacre")

El otro *invitado* es aquel pez desconcertado de otras aguas que acude a un *banquete* ajeno con un "*poema borrado / ..... / ...../*", para fluir y confluir con dualidades plurales y "atar nudos posibles" de coexistencia. Y, para ello, no faltaría el agua, ni sus fecundas metáforas, como aquella nieve que conversaba con la lluvia, pues "quería decirle al agua: '*Soy de ti, / pero ahora tu tiempo está congelado*'", procurando hallar el secreto de las estaciones, o aquel rocío de la corola que desciende hacia el agua, el agua fluye hacia el río y el río a la fuente, desembocando en "el séptimo cielo", o aquella introspectiva tinta que sale a inspirarse, "*mojando su pluma en el río de la vida*":

> *Cuánto tiempo ha de pasar entre un viaje y otro*
> *antes de que se disipen las tinieblas y amanezca?*
> *¡Respóndeme, Li Bai!*
>
> ("Escribir con tinta china...")

La fronteriza poética del desarraigo es un experimento policromático del nomadismo y su ineludible *carpe diem*, en una "patria flotante"[8]. Un breve existir en tránsito. En la diáspora, "la otredad" se integra y se desintegra en la bifurcación del tiempo-espacio, como si fuera un *deseo entre dos nubes*. Tanto en su "territorio real (de residencia) o imaginario (de escritura)", "nada es permanente, y nada permanece igual", afirma Janabi, ['nacido en el campo, identificado con pendientes en las orejas y sellado entre los muslos', para volverse *'un alma errante / entre la herida de los cielos y la arbitrariedad de las fronteras'*]. En su movimiento a la vez vital e imaginario, "el ser se encuentra sujeto al cambio, a la metamorfosis, incapaz de mantenerse siempre igual y/ o ajustarse a los mismos moldes socio-culturales", de ahí su desconcierto y su alienación. Por otro lado, desde su "desterritorialidad", la subjetividad apátrida anhela y añora, alternando "geometrías fugaces" con "museos de recuerdos" desahuciados, a fin de aferrarse, "*al aroma de la esperanza, a lo que cautiva el recuerdo, el olor, el susurro y lo que no alcanza a ver,.. / y esa pluma meciéndose / en la alfombra del viento*". Cuenta, "entre

8   Catherine Pélage, en su artículo, "Diásporas y nomadismos literarios: las escrituras contemporáneas de una República dominicana en movimiento", plantea algunas consideraciones innovadoras sobre la construcción de la poética nómada dominicana en los EE.UU., a partir de las obras de Junot Díaz, Julia Álvarez,Rita Indiana y Rey Andújar, escritores y artistas representativos de la literatura latinoamericana "en movimiento", considerados nómadas/ desarraigados en el tiempo, el espacio, y el idioma. (*ILCEA: Revue de l'Institut des langues et cultures d'Europe, Amérique, Afrique, Asie et Australie. Escrituras nómadas en el mundo hispánico contemporáneo*. Coord. Raúl Caplán, Sandra Monet-Descombey Hernández y Margarita Remón-Paillard. 41. UGA Éditions/ Université de Grenoble Alpes, 2020).

derrotero y derrota", asumiendo alteridades, imaginando utopías, "transterritorializando" refugios ilusorios para "liberar el proceso escritural de la búsqueda identitaria" (Pélage).

> *Tus letras se borran*
> *y las que aparecen del otro lado...*
> *ruedan hacia la nada.*
> *No dejes que tu dirección se estampe*
> *con letras imaginarias*   *estoy flotando*
>   *detrás del rastro ...*
> *Que tu himno sea del jardín de lo desconocido*
>   *del Aleph y sus vocales*
> *en cuanto a tu nombre, bautízalo con luz...*
>   *no lo escribas nunca*
>   *excepto en letras de trueno.*
> ("Lema - Motto")

De cerca y de lejos, la identidad rizomática del exiliado va saltando rayuelas entre fragmentos de subjetividades y textos dispares. Un derrotero intermitente de "piedra sobre piedra", atravesando *paraísos con ciervos* convertidos en campos de batalla y *militares* y "el rostro amarillo del hambre" porque "se muere de hambre en un poema", un infierno de sangre y fuego desatado por un Calígula despiadado, alienando al poeta y, "de exilio en exilio" su poema, arrasando con el manto del rocío sobre las piedras, el lamido de los ciervos y los vuelos altos y libres de los pájaros. Un daguerrotipo casi surreal en donde los frondosos sueños menguan "por las costillas de las víctimas", y las "preguntas permanentes" cunden "un país de piedra": "*Detuve lo que pudiera detener…, / y les pregunté: ¿Hay alguna esperanza? / Me dijeron: Espera*". El terror se instala. Se torna un delirio:

> *Ay de mí, de un país dócil,*
> *de un Éufrates que se ha convertido en un mar inexistente,*
> *de un país, un amigo y un enemigo disfrazado de amigo,*
> *tomando el té en un bar llamado "La Nación".*
>
> ("Entrando en un estado dócil")

En la introducción de su *Obra Completa* recién publicada en lengua árabe, Janabi define la poesía como una voluntad de permanecer, "una lucha por respirar", en palabras del destacado poeta polaco de posguerra, Tadeusz Różewicz. Ante la trágica barbarie en Iraq, el sujeto lírico intenta crear un espacio para la tolerancia, la empatía y la solidaridad, tal como buscaba Różewicz, al "volver a casa y crear poesía después de Auschwitz. Allí estaba el monstruo maravilloso" (*Inquietud*, 1980). En este sentido, la evocación poética del "Kurdistán" de Iraq se vuelve una posición política tan imprescindible como el "bautizo del alma con su barro y su aroma", el deleite de una exquisita *Gulnare*, un inolvidable himno de herencia cultural que, por desgracia, ha sido enterrado en los archivos militares y un urgente llamado de concientización de la sociedad iraquí para que reconozca sus múltiples identidades culturales, y poner fin al estado de opresión, discriminación y persecución en el que una de las minorías étnicas más considerables de la Mesopotamia aún lucha por su autonomía y autodeterminación, es decir, la preservación de su identidad cultural y su legado literario oral y escrito y la memoria colectiva de sus tradiciones y costumbres[9]:

Los campos me preguntaron por Kirkuk y su origen,

y no busqué lejos

porque mi costilla es una cuña de su bosque

y de sus sueños bebo lo que viene...

Soy del néctar de su granada,

de la matriz de su montaña.

("Si yo fuera del Kurdistán")

Existe un paralelismo en la retórica nacionalista del terrorismo de estado en Iraq durante el gobierno Baazista de Saddam Hussein en la década de 1980-1990, teniendo como blanco a la oposición política y ejecutando con armas químicas a los rebeldes y la población civil kurda de Iraq[10], y la sistemática represión de las comuni-

---

9   "He convivido con los kurdos sobre todo en Kirkuk. Tienen su propia lengua, literatura, cultura e historia que comparten con otras naciones repartidas entre Turquía, Siria, Iraq e Irán. Son leales a quienes los quieren y los apoyan. Antes irme del país, viajé de noche por la ciudad de Zakho, en el Kurdistán iraquí, y allí un amigo kurdo que era profesor en la misma escuela me apadrinó para que las autoridades no sospecharan nada de mi salida, luego fue encarcelado por no haberme regresado a trabajar. El Kurdistán iraquí está presente en mi poesía y en mi memoria, y si pudiera elegir vivir, elegiría vivir con los kurdos. Las montañas y colinas del Kurdistán, la amabilidad de su gente y sus luchas están presentes por doquier en mi poesía, ¡hasta tal punto que algunos pensaron que yo era kurdo!" (Ibid., "Hatif Janabi. El poeta y su obra").

10   Sobre la cuestión "Kurda" en Iraq, Jefferson Efraín González Isaza presenta una investigación académica basada en una aproximación histórica y constructivista de las teorías sociales de las relaciones internacionales, con el objetivo de profundizar en el origen del conflicto del nacionalismo kurdo y su evolución frente al poder político, la invasión de Iraq por los EE.UU., la caída de Saddam Hussein y la deconstrucción de la soberanía Baazista (2003), hasta el referéndum independentista kurdo (2017). "El frente kurdo se crea en 1987, intenta expandirse y toma la ciudad de Halabja en el Kurdistán iraquí, cerca de

dades bereberes/ Amazigh de la Cabilia argelina, por las fuerzas militares y el Frente Islámico de Salvación (FIS), sobre todo durante la infame *Década Negra* de los 90. Entre 1985-1988, Janabi fue invitado por la Universidad de Tizi-Ouzou para dar cátedra de literatura árabe y arte dramático y fue testigo de las tensiones políticas en Tizi-Ouzou, durante una de las décadas más sangrientas de la historia nacional argelina. Partiendo de su visión retrospectiva sobre ambos conflictos armados, tanto en Iraq como en Argelia, Janabi alude a la violencia en Iraq como una "extensión geopolítica al Magreb….una expresión de sueños incumplidos en un mundo al revés, que la poesía ha de plantear con preguntas, sin dar respuestas"[11].

Irán. El 16 de marzo de 1988, la *Operación Anfal*, cuyo nombre proviene de la *Sura Al-Anfal* del Corán, dirigida por el régimen baazista de Irak (Botín de guerra), en aquella zona envía 8 aviones de combate cargados con bombas químicas con múltiples sustancias y agentes tóxicos para los humanos"… 'En tres días, los kurdos fueron expuestos al gas mostaza (que quema, muta el ADN y causa cáncer) y los gases nerviosos sarín y tabun (que matan, paralizan o causan daño neuropsiquiátrico), -además de otros gases, como el VX y la aflatoxina-. Alrededor de 5,000 kurdos murieron inmediatamente y miles más resultaron heridos", además de los desplazados. Jefferson Efraín González Isaza. El Kurdistán iraquí. Identidad e intereses, nacionalismo e independencia. Foz do Iguaçu: Instituto Latinoamericano de Economía, Sociedade y Política, UNILA, 2018).

11   En su artículo, "La Cabilia, tierra de los hombres (y las mujeres) libres", Andoni Lubaki analiza la alarmante situación de "coexistencia en pugna entre dos identidades nacionales en Argelia: la comunidad árabe dominante y la comunidad beréber resistente de la región de Cabilia. Dicho conflicto se remonta a 1975, cuando estallaron enfrentamientos entre ambas comunidades por motivos desconocidos. Durante la década de los 80, hubo más enfrentamientos, y desde entonces la represión se ha vuelto habitual. Al parecer, las razones del conflicto son religiosas: los musulmanes de la rama maliki sunni vs. los musulmanes mozabitas ibadíes, aunque en el fondo, los bereberes se sienten más marginados por la comunidad dominante. Los bereberes acusaban a los árabes de beneficiarse de un trato preferencial por parte del gobierno, incluyendo mejores empleos y viviendas, mientras los árabes reprocha-

¿De quién son los zapatos
atrapados en el alambre de espino?
¿De quién es el rostro que se esconde tras esta máscara?
¿De quién es el alambre que se hunde en la carne?
¿De quién es la sangre que lo rodea?
("Cerco")

El silencio está a flor de piel. "Desde el silencio comienza el principio y termina el fin de la experiencia poética. Es un altavoz que condensa todo, iluminando y apagando un prisma de expresión elocuente", comenta Janabi. Dicha ausencia sonora y/ o disonancia, tanto en su significado denotativo como connotativo, se presta a permear el verso con pausas reflexivas abiertas a múltiples lecturas y perspectivas: "*El silencio / es el músico eterno y único*": retumba en el rugido de los vendavales y el gruñido de los temporales, "el gemido susurrante" que se oye en el tronco de un del árbol, o en una lejana canción napolitana, 'O Sole mío', interpretada por el famoso dúo italiano-canadiense, Luciano Pavarotti y Bryan Adams, así como la

ban a los bereberes, a quienes en general se consideran más ricos, de obstaculizar la integración de los árabes más pobres en sus exclusivas estructuras sociales… La Cabilia fue sitiada por el ejército argelino y duramente azotada por la sangrienta guerra civil en los años 90. Los amazighs de esta región norteña, considerados 'infieles por los islamistas salafistas y criminales por el gobierno', antiguos pobladores de África del Norte antes de la invasión árabe, claman ahora por su autonomía para poder desarrollar su cultura, su lenguaje y sus creencias, ante el gobierno argelino que intenta 'islamizarlos' y 'arabizarlos' a golpe de represión. Hoy, Amnistía Internacional acusa a las autoridades argelinas de genocidio del pueblo Amazigh, su lengua, sus tradiciones y sus derechos humanos y que su represión sistémica llevará a la aniquilación". (Andoni Lubaki. "La Kabilia, tierra de los hombres [y las mujeres] libres". *Rebelion.org* 03/09/2012).

"sordera" que provoca el frenesí de la vida cotidiana:

> *Las ruedas aceleran…¿Hacia dónde?…*
> *los martillos golpean la frente de las veredas*
> *los vendedores agudizan sus voces*
> *guau, guau, guau, los hombres ladran…*
> *bocinazos de carros…*
> *las voces de los muecines resonando el espacio…*
> *¿!Por qué tengo los oídos tapados con algodón?!*
> ("Sordera")

También, en silencio la poética del dolor y de la nostalgia nos lleva a presenciar la indudable virtud humana y solidaria en la vida y la obra de dos poetas casi afines, que comparten casi los mismos sueños, mas desde latitudes diferentes. En su famosa obra *Poemas humanos*, el gran poeta peruano César Vallejo aborda entre otros temas, el desarraigo, la soledad, y la alienación del hombre moderno, así como su solidaridad con el dolor humano, plasmados en su sueño,

> *Me moriré en París con un aguacero,*
> *un día del cual tengo ya el recuerdo.*
> *Me moriré en París–y no me corro–*
> *tal vez un jueves como es hoy, de otoño.*
> ("Piedra negra sobre piedra blanca")

y, con el *cáliz* en alza, desde el oriente hasta el occidente, Hatif Janabi le convida para brindar su sueño "gritando",

> *aún no he muerto en París*

—pero ya he desaparecido muchas veces en mi país–,
aún estoy al principio del camino
y esta sangre derramada a mi alrededor
no es más que himno enamorado.

Por último, "traducir es adaptar (…) salvando las distancias, esquivándolas, superándolas, pero, a la vez, admitiéndolas" (Julià)[12]. El proyecto de traducción e interpretación de la poesía de Hatif Janabi no sólo conlleva el contacto de la lengua árabe con la lengua española, sino también algunas "estrategias traductológicas" necesarias que permiten compartir sistemas lingüísticos y culturales distintos. Me siento muy afortunada de haber entretenido varios encuentros virtuales e intercambios escritos con el poeta, a fin de "adaptar" ajustes hermenéuticos apropiados y crear una antología relevante, precisa y, al mismo tiempo elegante, siempre fiel al origen y su versátil valor estético y cultural. Una tarea de gran desafío, sin duda, mas de mucho aprendizaje que me ha llevado a *re*-producir, del árabe al español, experiencias sensoriales únicas e infinitas imágenes poéticas para estimular nuestra imaginación y recordarlas. En este sentido, y tal como nos lo recuerda el sabio traductor y poeta estadounidense Seth

---

12   En su último estudio sobre la traducción literaria, el investigador catalán Jordi Julià expone que "la versión de una obra literaria a otra lengua, casi nunca es posible una traducción exacta entre textos literarios, pues no solo se debe adecuar el significado de las palabras, sino que es preciso atender el uso cultural que una sociedad ha hecho de sus expresiones: deben adaptarse voces y frases de lenguas diferentes (alejadas, más o menos, geográficamente, culturalmente o lingüísticamente), pero también cabe acercar formas de vida, creencias, ideologías y maneras de concebirlas" (Jordi Julià y Dolors Poch, Eds. *Salvar las distancias: estudios sobre la traducción literaria*. Madrid/ Frankfurt: Iberoamericana/ Vervuert, 2024).

Michelson, "ante la precisión y complejidad de una obra poética", el traductor recurre a "desarrollar una nueva técnica que logre anexar registros de valores connotativos y denotativos de distintas traducciones del texto original", adoptando / adaptando "un collage casi geológico, de estratos cromáticos de la roca sedimentaria" (Kercheval).

Por otro lado, y pesar de las limitaciones que pueda tener cualquier proyecto de traducción literaria, hemos de considerar el papel esencial que juega esta compleja tarea al acercar a los pueblos, facilitando el diálogo intercultural y por lo tanto, celebrar a "los árabes quienes fueron pioneros en difundir el conocimiento, fomentando la traducción al árabe de textos escritos en griego, sirio, persa e indio, durante el Califato Abasí (750-1258), bajo el mando de Harun al-Rashid y su hijo al-Ma'mun y la renombrada Casa de la Sabiduría "Dar al-Hikma" de Bagdad". En este sentido, Janabi nos asegura que sus traducciones en particular son una parte integral de aquella antigua tradición letrada: por un lado buscan enriquecer el acervo universal de las letras, y por otro diseminar la poesía árabe tanto en Europa como en otros continentes, acercándose sobre todo a la poesía polaca y vice versa, a partir de la llamada "hospitalidad lingüística" y "el desafío y la felicidad" de "habitar la lengua del otro (polaco) y recibir en la misma casa la palabra del extranjero (árabe)", (Ricoeur). Uno de los desafíos que Janabi ha enfrentado es su percepción de "la profunda cultura polaca, un mundo misterioso, desconocido y oprimido con el que ha tenido que familiarizarse a través de sus actividades académicas y sus experiencias poéticas, artísticas e intelectual". Sin embargo, al margen de la traducción literaria y la labor académica, Janabi reconoce y agradece mucho a Polonia "porque (le) proporcionó protección y seguridad y la posibilidad de desarrollarse como individuo y desarrollar (sus) capacidades intelectuales y culturales en un momento en que su patria se lo negaba".

Janabi se acercó en principio a la traducción para "conocerse a sí mismo a través del otro yo, haciendo uso de la comparación y la yuxtaposición". De modo que cuando llegó a Polonia, se dio cuenta de que aprender el idioma era la clave para conocer realmente esa nación, su forma de pensar y su cultura". Por otro lado, hubo algo curioso en 1977, cuando leyó en los periódicos polacos sobre el Premio Nobel de Literatura que el poeta español Vicente Aleixandre había ganado, un poeta desconocido para él y la comunidad árabe en aquel momento. Entonces quiso compartirlo -ya traducido del español al polaco-, con el lector árabe a través de su traducción y publicación en 1978 en la prensa árabe. A partir de entonces, sintió el temible llamado de emprender esta aventura, "no sólo como traductor, sino como embajador cultural y espiritual de la literatura y la cultura polaca/ árabe en el extranjero". Como puede apreciarse de su inmensa labor de traducción literaria, Janabi ha logrado construir un espacio propio de pertenencia y tolerancia donde "descubrirse" y sentirse culturalmente integrado y realizado, un espacio en donde "la traducción ha sido (su) gesto de gratitud a Polonia y sus instituciones culturales". En cuanto a la recepción de sus traducciones, Janabi se siente muy orgulloso de sus méritos que han sido alabados entre reacciones, comentarios y escritos de la prensa, concediéndole el prestigioso *Premio Transatlantyk*, del Instituto Polaco del

Libro en 2023.

Conclusión

Para concluir y tomando prestada la reflexión de Kavi, "la poesía es una forma de restaurar el tiempo". En las entrañas de los versos y sus versiones, ha ido almacenando y metamorfoseando la bitácora de memorias borradas y borradores de trayectorias del poeta e intelectual vanguardista iraquí. Con su voz en tinta, al igual que Miłosz, Herbert, Grotowski, Chéjov que escribieron sobre el extrañamiento y la alienación del ser en sus obras, Hatif Janabi ha aprendido a navegar a orillas del destierro, en su "barca de poesía", a fin de cicatrizar el desencanto de "la (madre) patria o nación imaginada, unida por una identidad común y edificada en una base tanto material como ideológica" (Chambers), y por ende, reconciliar el calvario de su desdoblamiento existencial con la receta del sabio bambú: el hombre *pre-texto*, experimento multidimensional, cuyo proceso ontológico impregna el Occidente, procurando descentrar la clásica dicotomía temporal de "la tradición versus la modernidad" (Al-Musawi) y reivindicar a partir del duelo, una nueva escritura plural e inclusiva de voces, sensibilidades y estéticas, en la que múltiples prácticas literarias y artísticas tengan la oportunidad de participar. Es decir, un proyecto colectivo de nación, tanto en los confines de la (madre) patria árabe, como en la diáspora europea.

Desde sus múltiples periferias, -cóncavas y convexas-, la poesía de Janabi pone de relieve la articulación del "otro" pensamiento árabe moderno, en su intento de re-examinar y re-escribir la Europa postcolonial, a partir de distintos espacios 'distópicos' de 'movilidad-pertenencia' y 'ciudadanía imaginaria' [13].

> *No todas las flores conocen la lluvia.*
> *No todas las flores entienden el viento*
> *y sus golpes en las ventanas.*
> *No todas las flores tienen llaves para cierres extraños.*
>
> *Me detuve frente a un tierno girasol,*
> *imaginándome una sombra o un bosque.*

("Girasoles")

---

13   En su brillante estudio académico dedicado a "la literatura árabe del exilio en Europa", Johanna Sellman diserta, entre otros temas, sobre la necesidad de leer y diseminar más el talento de las voces literarias árabes en el exilio y/ o la migración forzada, enfocándose en particular en, "la capacidad de dicha literatura de evocar el 'afuera' de la ciudadanía, los espacios entre las ciudadanías, y los estados de existencia *en* la frontera... A través de la desfamiliarización, los textos crean espacios para imaginar la ciudadanía y la migración, como formas distópicas, lúdicas o tristes... abriendo diálogos productivos con las fronteras, el espacio y la ciudadanía en su exclusión constitutiva externa e interna" (Johanna Sellman. *Arabic Exile Literature in Europe. Defamiliarising Forced Migration*. Great Britain: Edinburgh University Press, 2022).

FUENTES

Al-Musawi, Muhsin. *Arabic poetry: Trajectories of Modernity and Tradition*. London-New York: Routledge, 2006.

Al Warari, Adellatif. "Hatif Janabi: 'Siento que no pertenezco a ninguna generación. Pertenezco sólo a mi proyecto creativo'". Entrevista. *Al-Quds Al-Arabi*, 26 de noviembre de 2021.

Chambers, Sarah C. "Expatriados en la madre patria: El estado de limbo de los emigrados realistas en el imperio español, 1790-1830". *Estudios Interdisciplinarios de América Latina y El Caribe*. Vol. 32 – No 2, 2021.

Darwish, Najwan. "Hatif Janabi: El exilio ha perdido su brillo". Entrevista. *El Araby,* 16 de agosto, 2016.

El-Badr, Yassine. "Janabi construye puentes entre Oriente y Occidente". Entrevista. *Secular Studies & Researches Centre in Arabic World*, 18 de diciembre de 2024.

El Khachab, Walid. "Sufis on Exile and Ghorba: Conceptualizing Displacement and Modern Subjectivity". *Comparative Studies of South Asia, Africa and the Middle East*, vol. 30: 1, 2010, pp. 58-68.

Gadhoum, Khédija. "Hatif Janabi. El poeta y su obra". Entrevista exclusiva. Birmingham, 15 de febrero de 2025.

González Isaza, Jefferson Efraín. *El Kurdistán iraquí. Identidad e intereses, nacionalismo y independencia*. Foz do Iguaçu: Instituto Latinoamericano de Economía, Sociedade y Política, UNILA, 2018.

Havel, Václav. *Disturbing the Peace: A Conversation with Karel Huidzala*. UK: Vintage, 1991.

Hernández, Beatriz, Serber, Daniela, Giuffré, Mercedes, Ciampagna, Lisandro. *¿Un doble exilio? Canon, historia y subjetividades en la literatura del exilio: un campo problemático. Los casos argentino-español*. Buenos Aires: Tres Aguas, 2020.

Janabi, Hatif. *Más allá del color*. Publicación en curso.
— *No se parece a sí mismo, con poemas polacos*. Bagdad-Beirut: Dar Al-Mada, cultura y difusión, 2025.
— *Silencio*. Bagdad: Casa Mesopotamia, imprenta, edición y distribución, 2020.
— *Invitado*. Bagdad-Beirut: Dar Al-Mada, cultura y difusión, 2018.
— *El banquete de los peces*. Bagdad: Casa Mesopotamia, imprenta, edición y distribución, 2017.
— *Si entras en nuestra casa, tus pies besarán el umbral*. Bagdad: Dar Al-Rusum, prensa, difusión y distribución, 2014.
— *Encuentro al filo de una navaja*. Beirut: Dar Al-Gaoun, 2012.
— *Deseo entre dos nubes*. Beirut: Dar Al-Gaoun, 2009.
— *Paraísos, ciervos y militares*. Bagdad-Beirut: Dar Al-Mada para la cultura y la difusión, 1998.

Jouan, Hassan. "Hatif Janabi: 'Mi comienzo es iraquí, pero mi final es abierto'". Entrevista exclusiva. *Al-Sabah*, 19 de septiembre de 2020.

Julià, Jordi y Dolors Poch, Eds. *Salvar las distancias: estudios sobre la traducción literaria*. Madrid/ Frankfurt: Iberoamericana/ Vervuert, 2024.

Kavi, Ernesto. Ed. y trad. de Nicoidski, Clarisse. *El color del tiempo/ La culor dil tiempu. Poemas completos*. México: Sexto Piso, 2014.

Kercheval, Jesse Lee. "Seth Michelson on Translating Melisa Machado". Entrevista. *Tupelo Quarterly*, 14 de febrero de 2017.

Mallarmé, Stéphane. *Vers de circonstance*. Édition de Bertrand Marchal et Préface de Yves Bonnefoy. France: Gallimard, 1996.

Pélage, Catherine. "Diásporas, nomadismos literarios: las escrituras contemporáneas de una República dominicana en movimiento". *ILCEA: Revue de l'Institut des langues et cultures d'Europe, Amérique, Afrique, Asie et Australie. Escrituras nómadas en el mundo hispánico contemporáneo*. Coord. Raúl Caplán, Sandra Monet-Descombey Hernández y Margarita Remón-Paillard. 41. UGA Éditions/ Université de Grenoble Alpes, 2020.

Ricoeur, Paul. *Sobre la traducción*. Buenos Aires, Barcelona, México: Paidós, 2005.

Sellman, Johanna. *Arabic Exile Literature in Europe. Defamiliarising Forced Migration*. Great Britain: Edinburgh University Press, 2022.

Sh'hadeh, Youssef. *The Poet and Existence. Text and Interaction of Reality, Myths and Symbols in Hatif Janabi's Poetry*. Varsovia: Jagiellonian University Press, 2021.

Vallejo, César. *Poemas humanos*. Anotaciones Luis Alberto Sánchez, Jean Cassou y Raúl Porras Barrenechea. Paris: Les presses modernes, 1939.

DOS POEMAS INÉDITOS

EL ANCIANO QUE AÚN SUEÑA

Mi vecino me dijo, visítala antes de que lleguen en armonía
las solitarias sombras,
un día pasé por allí y me senté en una de sus rocas,
miré las ondas circulares que se empujaban unas contra
otras,
anillos iguales a una edad suspendida de la cola de una nube.
Vi a un anciano sentado en una canasta en la otra orilla
echando sus redes, tirando y echando.
Cuando el cielo se nubló, se levantó agachando la cabeza
mientras recogía nudo tras nudo su esperanza
para desatarlos en sus próximos días.
Me contaron que todos los días se sentaba en el mismo sitio
tras la muerte de su único hijo en la guerra de Irak
y la repentina muerte de su mujer y su perro de camino a
casa.
En ese momento recordé a mi hermano inocente cubierto
de sangre,
a los soldados desarmados cuyos cuerpos desmembrados
quedaron esparcidos por la arena al cru-zar la frontera
desde el sur,
y a los invasores que cavaron sus fosas antes de que volvieran
a sus familias.
Ah, la Guerra del Golfo y sus trágicas secuelas:
Abu Ghraib y lo que el guardián divino en la tierra dejó
sembrado en nuestras mentes,
y de rojo ocaso llegó a llenar nuestros ríos.
Así que no estamos solos aquí,
redes de sangre atrapando memorias.

De repente vi un objeto brillante
rompiendo el espejo del agua y saltando alegremente.
Si hubiera tenido una caña, la habría lanzado al agua,
y hubiera pescado algo mientras la luz se enredaba con la
sombra…
Así que no estamos solos aquí, el lago y yo
y nuestra soledad alterada de vez en cuando por
el silencio y el rayo.

—Birmingham, 17 de junio de 2024

EL OJO DE LA AGUJA

Un guardia lanza una escalera
que no se puede tocar ni con la que no se puede tropezar.
La extiende como un cordel que pronto se convierte en una
cuerda
que rodea los ojos, la cabeza y luego el cuello,
acaricia los labios y su latente sentir,
y se hunde en las profundidades, recorriendo arterias y
venas.
Dije: "Mientras sea tan gentil, tan manso, y venga
a oler el lugar y deleitarse con su tacto…
hasta por el ojo de una aguja,
cose y no descose.
Me quedaré con este visitante…"
No estoy solo en el sótano del mundo.

—Birmingham, 17 de junio de 2024

Poemario

Más allá del color

(publicación en curso)

LA MADRE WHISTLER*
Perfil lateral

Un extravagante tocado blanco,
un pañuelo de colores calienta las palmas de las manos
y un vestido negro deslizado por el pie izquierdo
en busca de raíces.
Hay una silla y un suelo de madera en tono tierra después
de la cosecha
un trazo opaco que una pluma dejó sobre la pared
menguando la oscuridad de los días o la ondulación de la
sombra y el cuerpo.
De no haber sido por las flores orientales de la cortina,
el lugar habría rebosado tristeza.

La serendipia crea la escena, y el rostro delgado
resplandece frente al telón,
este cuerpo luminoso destila la edad
en una mirada que cautiva días y distancias.
Medite, señora, y mire hacia el horizonte,
encontrará un espacio abierto a un mundo
que no volverá,
no morirá de orfandad y hambre
como los niños de Mesopotamia en la época del asedio,
ni será aniquilado por la arrogancia de la destrucción, como
lo es ahora, en el cruce de Moisés.
El mar no se divide dos veces.

Mi madre se fue más allá de este horizonte en el que tú te
ahogas,

pero con los mismos dos colores, con un velo y un vestido que le cubría los tobillos.
La serendipia no hizo más que acercarla a la muerte
y agrandar la distancia de su virginidad jurada al exilio.

Las guerras de Estados Unidos pronto desaparecieron y volvieron a reproducirse más allá de nuestras fronteras…
¡A ti, te tocó alcanzar la inmortalidad de las garras de la muerte,
de la juguetona indiscreción de (Maggie) y
barajando las cartas de la vejez y la juventud!

Las vi a las dos en blanco y negro,
con el rostro rebosante de calor y luz.
El tiempo las había separado y el azar traicionó a la otra
hasta que la oscuridad se reencarnó a su alrededor y el único puente que había frente a ella
quedó envuelto en niebla.
Blanco sobre negro, pero
no tanto como el negro sobre el blanco.

La lucha de mi madre, que no era suya, duró mucho tiempo,
trepando muros y palmeras
anidando en sus coronas.
Los pasos de las calles avanzaban al compás de su ritmo,
los columpios de los niños se mecían con su hierro,
y los días se comían el pan de la mano de la muerte.
Ni la blancura ni las oraciones a los santos vinieron a su ayuda,
la suerte la traicionó en el camino de la vida,
y la serendipia no estuvo de su lado.

Se evaporó como la misericordia en Irak.

* *La Madre Whistler* – uno de los cuadros más famosos e importantes del artista estadounidense-británico James McNeil Whistler (1834-1903). Lo pintó en 1871, diez años antes de la muerte de su madre en 1881 y seis años después del final de la Guerra Civil en América en 1865. El artista vivió la mayor parte de su vida en Europa. El azar desempeñó un papel importante a la hora de inmortalizar a su madre, Ana, a quien utilizó como modelo en lugar de la quinceañera Maggie Graham, que no acudió a la cita acordada. La madre del poeta falleció repentinamente el 31 de julio de 2007, en el camino.

—Birmingham, 1 de abril de 2024

EL LENGUAJE DEL OLVIDO

Envié mi libro a la muerte para que lo revisara la ausencia.
Mis pasos no se preocuparon por mi sombra, ni la sombra
por esta existencia.
Mi mano borró lo que sus dedos habían escrito,
pero las uñas arañaron lo que borró la sangre de las venas.
¿Quién pudiera extraer el hilo de ese tejido?
¿Quién pudiera separar la oculta voz del zumbido?
Mi madre se fue temprano y mi padre siguió sus pasos sin
arrepentirse…
Incluso los lugares desparecieron y casi se olvidaron de sí
mismos,
y si no fuera por las cicatrices y las señales, este silbido no
habría permanecido.
La palmera nos cuenta lo que hemos olvidado, y en la
ausencia el olivo estampa su presencia,
mientras ese arbusto de fin de año teje la alfombra
deshilachada de la vida.
¿Quién sería yo sino la luz y la estrella detrás de la cortina?
¿Quién borraría el miedo sino la máquina del tiempo?
¿Quién lloraría sino las plantas y los animales?
Envié a la muerte el libro de mi olvido
pero, ¿sería el único truco que quedara,
en la biblioteca del cuerpo,
o el capítulo que el destino no alcanzó escribir?
Toda mi vida me he tejido con hilos invisibles,
entretejidos con las letras del olvido.

—Birmingham, 28 de diciembre de 2023

A PESAR DEL SOL

A pesar del sol,
el viento sopla y la dispersa por todos lados
la lluvia (de Al-Sayyab) es más clemente,
y no dura mucho. *
Son muchos los que la esperan
vivos e inanimados,
hasta el saludo llega empapado,
despojado de plumas y polvo.
Tiene hábitos tan infames como los humanos,
¡Qué factura hemos de pagar a la naturaleza!
Inunda las cabañas con su crecida,
y todo mercado se refugia de su embestida,
incluso la euforia de los labios
termina siendo un gruñido…
El huésped de Birmingham,
no es un visitante del desierto y del campo,
que apaga los fuegos en las almas,
eclipsa el brillo del sol,
y ahoga a (Ofelia) todos los días…
¿Es la voz gemela de la melancolía y la alegría,
la cortesía y la amargura, o
la membrana que aísla el sol de la luna?

* La lluvia de Al-Sayyab: se refiere al poema "La canción de la lluvia", del
poeta iraquí Badr Shaker Al-Sayyab (1926-1964).

—Birmingham, 14 de diciembre de 2023

LA MUJER Y LA PERA

Me veo caminando tras el arrebol
con la mano apoyada en una cesta de flores heladas
el río quieto frente a mí
y el invierno llenando el campo con lo que queda de nieve.
      Hitos memorables que evocan su extrañeza
y cintas de niebla que por un instante se envuelven y luego
se desenvuelven.

Pero, ¿por qué veo una escena distinta, con tejados rojizos
y verdes atisbos a sus espaldas,
picada por la tenue luz de una alta ladera.
Esta es la visión de una pera preñada de color aguamarina,
cubriendo el pezón de un cuerpo desnudo, como si fuera
en un sueño.
La distancia entre su cuello y el ámbar del seno
no es más que una mano que se inclina desde arriba y otra
que sostiene la antorcha del corazón a la izquierda,
por encima de la cintura.

El cuerpo de ébano atesora visiones y emana
      un espectro de colores bendecido por el verde, el
azul y el rojo.
Una oscura ola de miradas femeninas se cierne tras él,
revelando algo de lo que las mujeres atesoran,
aunque se dirigen hacia el borde del horizonte.

No era más que Eva, de pie detrás de un arbusto,
y esta pera no es una manzana, y lo que hay detrás no es una
serpiente.

Dije que la fertilidad y la seducción tienen colores,
dimensiones y significados
que los ojos no pueden percibir.
Una pantalla que yo no veo, pero me que ve.

Me pregunté, ¿Es esta una ráfaga anticipada,
o una colección de opuestos para un campo singular
que no precisa otro capítulo que el suyo?
No soy más que un colorido de ilusiones y acontecimientos,
¡escapando a veces a la monotonía de las palabras!

De repente recordé que estaba frente a Gauguin,
mirándolo o imaginándolo como director de orquesta.
Un óleo excepcional
de una mujer y una pera.

—Birmingham, 12 de agosto de 2023

ILUMINACIONES DE JALAL AL-DIN

Oh, "Señor mío," no tengo hospicio ni rosario,
no se me oye ni crepitar ni murmurar,
ni se ve humo de la soledad del cuerpo.
Mi alma se cierne como la niebla cuesta abajo,
y mi aliento se detiene en el umbral de esta tierra lejana.
Cada vez que tocaba una puerta, mi mano divagaba y mis
dedos se negaban
como si estuviera agarrando una paja en un océano
embravecido.
Oh, mi señor, estoy sentado en un hotel donde la gente entra
y sale, menos yo, porque aunque salga físicamente,
mi alma seguirá dando vueltas como una mariposa
alrededor de una llama que reconozco, y cuanto más me
acerco a ella,
más desvanece al final del túnel.

—Birmingham, 17 de noviembre de 2023

DANZA DE LA TIERRA

La tinta llora y el espacio se inunda de lágrimas.
Las nubes son velos que esconden lo que no vemos, pero en
su interior
vuelven a nacer los atlas.
¡Disuélvete, oh piedra de la razón y su injusticia,
y ahógate en esta sangre derramada!
¿Se partirá el cielo?
Sí, se derrumbará y llenará de gritos todos los valles,
pero seguirá colmando los corazones al compás de la luz.

Tú y la tierra bailando eternamente,
tú al ritmo de las raíces
y ella en una danza invisible con Venus,
a medio camino entre el azul y el naranja,
bailando alrededor de sus propios ejes para encontrarse en
el camino del sol.
¿Es la danza de Gilgamesh tras la muerte de Humbaba,
y la danza rebelde de Haka (1),
o el trance del derviche en su veneración,
y el oleaje del mar,
o ese eje oculto
en la angustia del destetado de la tierra,
dando vueltas alrededor del cuerpo naciente?

Baila, hermano mío, último indio,
al son invisible y manifiesto
de cuerpos desollados por quienes predican la doctrina del
olvido.

Heródoto precursor, y más allá el *Viaje Nocturno y la Ascensión al Cielo*,
y aquella que "caminaría descalza
a Palestina para tocarla…" (2)

Toca la matriz de la tierra, su cálido seno y su latido más puro.
Las raíces se extenderán lejos y florecerán los troncos,
los antepasados se levantarán de sus tumbas y nacerán los que llegan antes de tiempo,
bailando juntos la danza de la salvación de muerte en muerte…
Si antes el Paraíso estaba velado,
ahora sus ramas y frutos están preñados
colgando libremente sobre la cabeza de quien baila.
"Hemos llegado, estamos aquí, navegando,
navegando en el océano del mundo" (3).

Notas:

1. Danza Haka Maorí: Los indígenas maoríes de Nueva Zelanda interpretan su orgullo y su "desafío de guerra", dando gritos feroces y rebeldes, con el objetivo de intimidar al enemigo.

2. Adaptación de *Otelo* de Shakespeare, Acto IV, Escena III.

3. Himno cantado por la diputada neozelandesa Hannah Ruhetti Clarke, en el Parlamento de su país.

* Dedicado a Ali Al-Amiri.

—Birmingham, 18 de noviembre de 2023

NEGRO SOBRE BLANCO

Desde la negrura del sur
miré la blancura del norte
y dije, ¿Cuándo habría de encontrarse el ocaso con la aurora?
Habría un destello entre las nubes pintado por el vendaval,
y rostros desfigurados o adornados con latidos sin aliento.
Me preguntaba quién lloraría por mí si mi cadáver
permaneciera vivo
al filo del tiempo.
La niebla se arrastró en las tumbas y me llegó sin avisar
ostentando su pálida sombra.
Desde el lejano norte,
vi correr un desfile de hormigas, y
me pregunté si es éste el camino de la vida hasta el final,
o el enlace de esto negro con este blanco?

—Birmingham, 23 de febrero de 2023

AURORA BOREAL

1.

La abaya de mi madre es una bandera
velada por la blancura,
en un mundo de ausencia
donde el silencio al silencio
escucha.

2.

Mi padre es un cuerpo efímero,
llama a mi puerta
y cuando la abro,
deja encima
un beso de polvo.

3.

Mi hermano (M) no tuvo primavera,
ni aurora roja.
Vivía entre el sueño y la vigilia, y
un día el guardián de las tinieblas se le acercó,
lo molió a palos y lo dejó sangrando hasta morir.
Mi hermano (M) es un eterno viaje,
de blanco en blanco.

—Birmingham, 18 de noviembre de 2023

4.

Las paredes se agrietan
el agua fluye por las escaleras de la casa
un cuerpo desconcertado se aferra a un sueño
en medio de la oscuridad
al picaporte de la puerta.

5.

Vi en sueños
a un pueblo molido a palos, y
cuando desperté,
vi manos
martillando mi pecho
con el pico de la destrucción.

6.

Le cerraron la boca por reírse demasiado,
le llamaron para que fuera a brindar luz,
le partieron el pecho por quejarse demasiado,
le cortaron la cabeza,
y durante mil años han estado de luto,
soñando con la sonrisa de la esperanza.

7.

Anda y si te quedas un rato,
tendrás que seguir andando.
Las estaciones se empujan unas a otras, pero se enderezan

en un eterno diálogo con la oscuridad y la luz.
El sol no desaparece,
porque es otro el que vemos de su espectro
al partir entre la salida y la puesta.

8.

La guadaña
cosecha lo que el tiempo siembra
entre aliento y aliento, entre el blanco y el negro,
igual que el rojo en su recorrido hacia la herida
y el desnudo cuerpo
ante la epopeya de su liberación.

9.

Oh, caminante
hacia el crepúsculo
del horizonte.

—Birmingham, 31 de octubre de 2021

CASI UN SUSURRO

Un poema para tus ojos,
azules y negros y demás espectros de colores.
El segundo para tus pechos,
santuarios de dos cielos que sólo aquí se encuentran.
El cuarto para tus pezones,
oh, angustia de higos y uvas.
El quinto para tu ombligo,
el centro de la tierra y el sello del reino del universo.
El sexto para tu cuello de alabastro,
el obelisco más bello jamás creado.
El séptimo por el ardor en tus muslos,
la llama de la esperanza al final del camino.
El octavo para inhalar y exhalar
el concierto de oxígeno.
El noveno para tu melena alborotada,
la perla de la corona amazónica.
Y el décimo para los acordes de las manos,
las letras de la escala musical
y el gesto de agradecimiento al Creador.
Y para el silencio, el centésimo poema
intocable e incomprensible.
Y el poema mil es para tu cuerpo,
el rey de reyes, la eterna antorcha,
y las montañas, laderas y curvas
debajo y encima del pecho.
Seguiré contando y contando…
pero desde el principio, he estado escribiendo
un poema sin fin

para un beso en tu boca,
la puerta del cielo y del infierno.

—Birmingham, 8 de octubre de 2022

ESCRIBIR POESÍA

¿Por qué escribir poesía en tiempo de borrado?
Te absorben las luces, la telaraña de los negocios, la política
y el odio,
los presidios abarrotados y los amantes afilados.
Los caminos te cuentan la historia de infinitas polvaredas y
sospechas,
hasta los cielos se ponen rojos de tanta rabia
y las iglesias selladas al vacío…
Pasé junto a una y su campana repicó consternada.

Entonces, ¿por qué escribir poesía en presencia de la
ausencia?
¿Es la poesía un testimonio, un martirio, una revelación, una
liberación,
la cara y la espalda, o es una distracción que nadie puede
dominar?
Por eso se adorna con máscaras y seudónimos
desde el primer ceceo hasta el Día del Juicio Final,
con líneas trazadas y luego desmembradas por sus creadores.

¡Oh, hermano del pájaro y de la rama, intercesor del río y
de las nubes!
¡Oh, sueño incumplido!
Escribe si no te agrada lo que ves u oyes,
lo que lees o escribes…
Escribe si buscas salvación y visión,
como Jesús, como Al-Hallaj, como un sangrado en el agua,
un manantial que aún no ha manado,

un camino sin recorrer,
palabras extrañas,
un mundo diferente del que conoces.

—Birmingham, 19 de mayo de 2022

DE PASO

Pasé por una cantera de piedras,
tropecé en el camino,
se río profundamente y no le importó
más que el fluir del silencio.
Levanté una de ellas y miré en sus venas,
noté que se había encerrado en sí misma
y un calor se me subía en la palma.
La froté, acercándola a mis ojos,
pero pronto se escurrió entre mis dedos,
volviendo a su mundo terrenal
coronada de más soledad y silencio.

—Birmingham, 16 de abril de 2022

INTELIGENCIA ARTIFICIAL

Un día mi voz, todo mi rostro,
mi cabello y los conectores de de mi cuerpo, volverán a
encarnarse.
Otra sangre fluirá, tal vez más útil y más generosa
con los canales de parto, y la vejez de un corazón joven.

El aire será fresco mientras fluye entre dos recipientes,
órganos de otra fábrica y espacios infinitos.
Mis sueños se quedarán sin hogar,
mi piel será fina o gruesa,
indemne a la flecha de la memoria,
y la herida de nadie.

Un día la lengua será abandonada y las palabras correrán
sobre los rieles de hierro del sentido,
con otro acento y una nueva pertenencia.
A pesar de lo que hayas inspirado en este ser,
vivirá sin una sonrisa, un lunar o dos hoyuelos…

No más ataúdes, no más llantos por la patria.
No tendría un millón de años más
si tuviera que desvanecer en el vacío.
Quisiera ser una hormiga o una abeja produciendo miel,
con la esperanza de una humilde supervivencia fuera del
capullo
que heredé sin querer.

¿Adónde irán mi alma y mi madre desilusionada?
Me pregunto, ¿a quién llamará si Dios la ha abandonado,
y "todo se vuelve confuso"
los viernes, sábados y domingos?

El alma se liberará hasta la última gota,
mas dejará los labios ardiendo
bajo el misterio de la misericordia
de una incipiente boca artificial.

—Birmingham, 27 de julio de 2023

LA MUERTE Y LA SOMBRA

La muerte no tiene tumba, ni forma,
ni sombra fuera de la luz,
pero puede llevarse la embocadura del amor y su compañía.
¿Has visto el llanto de las novias del inframundo,
el resoplido de la daga alrededor del cuello
o el desprendimiento del alma del cuerpo?
¿Has oído alguna vez
el lenguaje de la ausencia
en el que la muerte habla,
o se borra a sí misma?
El amor de la muerte es imborrable hasta en su sombra,
y es fiel como un perro.

—Birmingham, 18 de diciembre de 2021

EL PRIMER AMOR ES ROSA

A primera hora de la noche
los saltamontes acuden a tocar su melodía acústica,
abriendo la velada con una interpretación del director de
orquesta,
en la que los sonidos se superponen en singular.
Así es el concierto
del amor a altas horas de la noche,
cuando los labios muerden
los bordes de la sábana bordada de sudor,
y la lengua sorbe las letras de amor
del pecho sediento.

—Birmingham, 8 de diciembre de 2021

EL AROMA DEL RECUERDO

Al atardecer, el cuerpo tiembla
perfumado, mirando y escuchando,
sin más indicio que un recuerdo
sacudiendo la cama, dejando un corazón
atravesado por una flecha sobre la almohada.

Aférrate sin más
al aroma de la esperanza, a lo que cautiva el recuerdo,
el olor, el susurro y lo que no alcanzas a ver,
la primera impresión
de la textura del terciopelo
sobre las perlas al hombro,
y esa pluma meciéndose
en la alfombra del viento.

—Birmingham, 2 de diciembre de 2021

VOLVER AL KURDISTÁN

Viví mucho tiempo entre dos espadas,
cada vez que una se desgastaba
la otra con su chaira la afilaba.
No fue mi elección ni la de mis padres,
dije que remontaría los dos ríos
hasta Kirkuk y desde allí a una cumbre para arrancar mi
estrella
y extraer de su falda la hierba de la esperanza…
Alcancé a visualizar el final…
Me quedé al pie del acantilado con los ojos cerrados durante
largo rato
y, en silencio, una hierba con la cola de un meteorito me
tendió la mano,
y me llevó al viaje de mi vida,
enseñándome a caer sólo hacia arriba, pero una noche
aterrizamos en un puente que separaba el sur del norte,
dejando atrás (Zakho), y luego caminamos tras el hilo de la
niebla,
cuando mis lágrimas fluyeron hasta el río Zab.
Cuando la Estrella del Norte las vio, las congeló en un frasco
y se lo entregó antes de partir a mi madre, cuyo corazón se
detuvo de repente
en un calor despiadado…
Derramé todas mis lágrimas en pleno mes de julio,
y desde entonces, se secaron,
incapaces de apagar un beso sediento
y pasar la lengua por el borde de la copa.
Hace mucho tiempo que vivo en los bordes de los labios,

si pretendo besar uno, el otro abre su brecha,
si caigo en la cima, no tengo más refugio que la montaña,
y si caigo en la boca del valle, sólo el destino puede salvarme.
Oh, montaña fiel, orgullosa y desconcertada como yo,
tú eres la única que puede superarlo todo.
Allí dejé mi alma colgando,
con ansia en los labios y sed de lágrimas.

—Birmingham, 23 de noviembre de 2023

MÁS ALLÁ DEL COLOR

        Hola, nieve desconcertante
de plantas, tierras y fantasías.
Lo que está de blanco no me habla
a través de una ventana cerrada por las tormentas o los
árboles.
Desorientado por las estaciones, se volvió fiel a deshojarse,
a pesar de la raya roja en sus mejillas
y las alas que dejaron sus plumas
        sobre una nube helada de pasión.
Lo que me sorprende de ti es que escondes
más seres que se han rendido
sin la menor resistencia, como un bocado en una boca
hambrienta.
Escondes más caídas, escondes más
        huellas soñadoras.

        Por la noche vi el reflejo de estrellas lejanas,
y por la mañana, las huellas de un paseo sobre tus hombros
y dos pájaros en la valla con sus plumas jugando.

—Birmingham, 29 de enero de 2016

Poemario

No se parece a sí mismo, con poemas polacos

Dar Al-Mada para la Cultura y la Difusión
Bagdad - Beirut 2025

RECUERDOS DE LA SEMANA
Y DEL ÁLBUM

Antes del primer día

Su familia es de ganaderos y muchos profetas.
El azul del cielo alterna con el del mar,
y los pecados tremendos como el desierto,
de pronto sus huellas desaparecen.

Cicatrices y cicatrices - Jueves

El camino tiene cicatrices
que el ciego no puede ver
antes de cruzarlo.

Sospechas - Miércoles

Dios mío,
¿Por qué tanta blasfemia en el vacío?
¿Eres tú
quien me elevaba por encima de la espuma,
o una buena racha al pasar?

Ausencia mutua - Martes

Mi perro no sabe
que es la persona más leal en mi vida,
y yo no sé
por qué él no siente lo mismo de mí.

Gravedad - Lunes

Estaba contando los nubarrones en lo alto de la montaña,
soñando con ver relámpagos en el bosque.
De repente, un rayo cayó sobre su casa.

Costumbres - Domingo

Caminaban a orillas de los caminos
para evitar la multitud, y cuando se despejaron
volvieron vestidos con trajes de selva.

¿Has visto esta foto? - Sábado

Un hombre con traje rojo, en la flor de la vida,
delante de un auto rojo de lujo,
fuma extasiado mientras abraza a una cortesana.
Ella aspira su cigarrillo y, de repente, del humo
se desprende un corazón que late en el aire.
En la parte inferior de la foto, en tinta rosa:
fumar es perjudicial para los seres humanos y el medio am-
biente.

Recuerdo del día siguiente

Se buscará
en un tintero que fluye
en una pluma que registra cada acontecimiento con una lá-
grima sedienta
en una tierra de hojas quemadas.

Dos amantes

Se sentaron en una roca mirando al cielo
vieron una bandada de pájaros en forma de alas,
y una blanca nube entrando en el atardecer.
tras un largo abrazo, dejaron de contemplar la escena
y entraron en el paraíso de la ausencia.

—Birmingham, 9 de diciembre de 2020

CONVERSACIÓN CON ZAFIRO

El noble céfiro del zafiro va
del tímido lapislázuli
al amarillo y naranja, al rosa y púrpura
al incoloro o el verde errante,
y lo más llamativo es su pureza fuera del rojo sangre.
Oh, zafiro, orgullo del cielo y cementerio del clamor,
hermano de diamantes y esmeraldas,
guardián del susurro, del olfato y del tacto.
El sosiego es tu sello y el silencio tu alfabeto.
¿Conoces el secreto de la piedra independiente?
¿Has visto alguna vez un zafiro moldeado a partir de la esencia de los dioses,
y la serenidad de tu universo aéreo?
Te convertirás en un eterno universo en el torrente sanguíneo,
con el alma de un ángel y la revelación de un profeta.

* Zafiro: uno de los tres colores más populares de las piedras preciosas.

—Birmingham, 12 de febrero de 2021

ESCRIBIR CON TINTA CHINA…
El Dios de la Poesía
—-A Li Bai- 李白

Los dioses de la poesía son muchos
escriben sobre la arena y el barro
en las páginas de las nubes y la lluvia.
Algunos van por un camino menos transitado
saludando sombras taimadas
o colgando un trapo blanco en una rama partida.

vi a algunos de ellos inmersos en las viñedos
mojando la pluma de la poesía en el río de la vida
y luego sacándola de la sangre del frasco como una antorcha
que escribía con los cascos del viento y del trueno.
Le pregunté: ¿Cuánto tiempo ha de pasar
entre que se levanta la copa y la primera gota
sobre la roca de la poesía hasta que estalla la fuente,
y nace el primer deseo de soñar
y regar las palabras?

¿Cuánto tiempo ha de pasar entre un viaje y otro
antes de que se disipen las tinieblas y amanezca?
¡Respóndeme, Li Bai!
¿Qué diferencia hay entre la boca de una ánfora
y este labio sonrosado
del que mana la sangre del amante?

Vi rosas llenando el sombrero
y rayos dorados cubriendo el cuerpo errante en el río Yangtsé
y a Li Bai aún viajando y alimentando su alma desconcertada.

—Casa de Vaux, 10 de octubre de 2019

LO QUE EL OCCIDENTE NOS CONTÓ
SOBRE LA NIEBLA

Lo que Occidente contó sobre la "Guerra de los Reyes" en
palabras e imágenes,
y mi último diario de viaje, otro diferente
de Zhang Jiang y el eterno Mar de China,
es todo lo que oído o visto sobre el país y su gente.

Pero, ¿podría verse el árbol
fuera de su bosque y de sus venas en la tierra?
¿Podría leerse la palma de la mano sin sus surcos y su alma
profunda,
y beber del manantial sin entrar en él?

Seguí el amanecer durante mucho tiempo
hasta que encontré el registro de la rama cubierta de rocío,
y el tesoro de la naturaleza llevado de hombro a hombro.
Vi la sabiduría de los ancestros en silencio
pintada en los rostros,
y con el canto en susurro de las lenguas.

Y aquí estoy, contemplando el prado de las mariposas
disfrutando de la fragancia de las flores
imitando el aleteo de un ave fénix sobre la estepa,
inmerso en un sutil diálogo
entre una casita de campo antaño desesperada
y una arquitectura con cabeza de dragón en una nube
insaciable.

Si no fuera por la niebla que envuelve las alturas
diría que llenaría mi copa vacía tras cada exhalación
con el vino de los dioses
y mojaría mi pluma en la luz de la niebla.

—Lugo, 9 de octubre de 2019

LAS MUJERES CHINAS

Trabajan día y noche.
Cuando llega el invierno
se sientan como llamas donde los girasoles.
En primavera, cada una lleva
pendientes de loto
que iluminan los hoyuelos de sus mejillas.
Las mujeres chinas recogen flores en verano
para que los hombres saquen sus hojas en otoño,
y cuando se acuestan
mantienen los ojos entreabiertos
y una sonrisa soñadora en los labios.

—Pekín, 14 de octubre de 2019

EL ÁLBUM DEL CORONA...

Soy el aire

Se lamentan de besar a los seres queridos
y sepultar a los difuntos como es debido,
bañándolos y vistiéndolos con trajes de ausentes
tan ausentes, como ellos, como voces en el valle
llegando de la nada.

Mujeres con sombreros coronados de negro
y lágrimas que caen del tamiz de la distancia

sobre granos de tierra
y flores marchitas ante las manos tendidas.

Ulises ha vuelto y Monteverde no *
le espera un halo custodiado por las cumbres
los himnos solitarios en la Leona del país *
Cerbero aún aúlla en su puerta
y las palabras yacen en la agonía de la pregunta.

¿Me oyes, Marcelo Peralta*, desde el corazón de estas
tinieblas?
y tú, Luis Sepúlveda*, ¿sigues rezando
"El viejo que leía historias de amor",
para que salgas de tu lámpara mágica?

¿Cómo puede la distancia escuchar
el sonido de una cuerda?

el pulso de la vida entre labios
apretados por un beso sediento
cuando los valles se cubren de niebla?
Los que regresan se extravían por la caída de las rocas
en busca de quienes bebieron
el vino de la despedida de la palma del destino.
No tienen tumbas
excepto las coronadas con la guadaña ciega
que se cierne sobre los campos.

La repentina partida será nula
ante la sonrisa de la matriz en los labios del recién nacido
y aquellos lirios al pie de las montañas.

Lloro cada momento
por las alas rotas
mientras el pájaro lleva a su nido
un bocado para los polluelos.
Arranco árboles y raíces
y quito las hojas secas
que aún quedan en las exuberantes ramas.

Soy el aire que surge de lo desconocido
revelando el tesoro bordado de los corazones.
Soy el aire que levanta las velas
el secreto que cautiva la tormenta
E...l...a...i...r...e
soy el aire que busca refugio
en el aliento de los pulmones.

* Claudio Monteverdi (1567-1643) uno de los fundadores de la ópera

italiana, murió de peste, es más conocido por dirigir el coro de la Iglesia de San Marcos de Venecia, y *"El ritorno di Otello"* es una de sus óperas más famosas.

* Brescia - ciudad bautizada por el poeta Josué Carducci (1835-1907), como "La leona de Italia", situada en la región lombarda devastada por el coronavirus.

* Marcelo Peralta (1961-2020), músico y saxofonista argentino fallecido por el coronavirus en Madrid.

* Luis Sepúlveda (1949-2020), escritor chileno que murió del coronavirus: *El viejo que leía histo-rias de amor, La lámpara mágica de Aladino*, son algunos de sus cuentos ...

—Varsovia, 12 de abril de 2020

DESDE LA TIERRA DE BABILONIA…

La reina de los árboles

En los troncos de las palmeras hay almohadones que el
tiempo ha envejecido
con los que la gente trepa para polinizarlas o recoger los
frutos,
cuando llega el verano y acapara las bayas.
Llevo años preguntando: oh, Reina de los árboles,
¿Has dejado una salida eterna para tu tocador en el gemido
de la angustia?

—Birmingham, 14 de febrero de 2021

PARPADEO

Mira hacia arriba
hasta que veas el abismo
mientras desde abajo,
vuelas para ver tu caída.

—Birmingham, 7 de noviembre de 2019

EL CUENTO DEL IRAQUÍ
—Al poeta Humberto Ak'abal

Quiero contarte de una tierra de Zigurat y toros alados,
de los sueños de los conquistadores y del exilio de los profetas
de los gemidos postergados por el orgullo
de la demora del amor en el reino de la arena
de las historias conocidas por su gente,
pero no reconocidas por los forasteros de Tikal. *

Quiero hojear un álbum indefinido
En el que se almacene la violación de la vida
de una tierra moribunda de soledad y desolación.
Quiero…
Pero las lágrimas
ahogan la tremenda escena
tallando un rumbo y un exilio
en el rostro.

Quiero hablar de ella
con todo el cariño que tengo.

* Humberto Ak'abal (1952-2019): poeta maya guatemalteco.

* Tikal: es uno de los monumentos arqueológicos más importantes de la civilización maya.

— Jablonka, 19 de marzo de 2020

PATRIA – *HOMELAND*

Un temblor sacudió mi cuerpo
busqué la razón
y me encontré con los labios apretados
por una patria devorada por la muerte
en el ocaso árabe.

—Birmingham, 8 de febrero de 2020

DESEO

Temo por mi deseo
de noche y de día
se lo confieso a objetos inanimados:
La silla y la mesa
la copa y su alma desconcertada.
Miro las flores cómo levantan con asombro sus pétalos,
pero pronto los giran hacia una abeja que revolotea.
Cuento a las sombras mi confusión que ya no pueden
reconocer mi oscuridad ni descifrar el ocaso,
pero les cuento al trueno y al abismo
mi deseo
de grabarlo en el ala de un pájaro,
ofrecérselo al viento y a la cordillera,
y luego enviárselo a Dios por correo electrónico.

—Birmingham, 8 de febrero de 2020

CINCO DESTELLOS – FLASHES

Bocado

Una vez me convertí en una manzana
y un pájaro me mordió.

Carga

La paja gime
en el viento
por ser tan ligera.

Amor

El barco se hundió
en el mar enamorado.

Seda y oro

La castidad tiene un cuerpo
de oro, pero la lujuria tiene un toque
de seda.

Estado de ánimo

El sol sale
por el este
para ponerse
en el lecho del oeste

En camino

Inmerso en la clínica de la lengua
en busca de palabras sanadoras
cosiendo letras como una alfombra persa
para esparcirlas en una pantalla programada por el tiempo
sin decisión alguna
caminando por la noche de mi alma
con una vela de ensueño en la mano
resguardada por el reino de las mariposas.

—Varsovia, 17 de junio de 2020

LA ÚLTIMA CENA

Existe una variedad de peces
que después de capturarlos y sacrificarlos con cuchillos
cebolleros,
el hombre se sienta orgulloso ante su pesca excepcional
y prepara la mesa para su última cena
sin darse cuenta de lo que le espera.

—Birmingham, 12 de febrero de 2021

UN ACRÓBATA

Se creía descendiente de Babilonia
escribía elegantes discursos retóricos
caminaba toda su vida por la cuerda floja,
alzando cada vez más la voz:
Soy el epítome del pasado y el guardián del futuro.
Los días pasaron tan rápido hasta que fue arrastrado por las
tormentas.
No tenía tumba visible, pero los transeúntes encontraban a
sus nietos,
orinando a menudo en un lugar desolado con sólo una
lápida
en la que habían escrito una oración llena de errores:
Aquí yace el Acróbata Sagrado.

—Birmingham, 14 de febrero de 2021

EN FORMA DE HAIKU
El reino pastoril y femenino en árabe

Manzana, aceituna y pera,
Granada, limón y naranja
Hoja, fronda y espiga
Palma, bosque y árbol
Flor, mariquita y abeja
Lago y acequia
y muchos otros nombres.

Todo el universo carecería de sentido sin lo femenino.

—Birmingham, 7 de noviembre de 2019

BODA

Soñó con casarse durante veinte años
y cuando llegó el príncipe de sus sueños
se disolvió como la sal en el agua.
El río corría más lento que de costumbre
y la daga invisible de su primo brillaba
ondeando sobre las olas.
El agua apagó veinte velas.

—Birmingham, del 3 al 7 de febrero de 2021

LA GATA DE MI VECINO

Cada domingo me encuentro con mi vecino
de camino a la iglesia.
Abre sigilosamente su puerta, pero la cierra de golpe
aterrando a los pájaros en sus nidos,
entonces su gata se escabulle en secreto
y con orgullo cruza la valla del jardín,
rodeando así la casa entre las flores
y antes de irse, me mira
a través de la ventana, con una sonrisa misteriosa.

Por la noche llama a mi puerta y me pregunta:
¿Has visto a la persa?
Le contesto en broma:
¿La del pelo largo y los ojos de pistacho?
Vuelve a casa con la cabeza gacha, canturreando:
"¡Oh, mi pequeña persa!"
Mi viejo vecino come de la mano del destino,
de lo que sobra en el mundo.

Cuando se fue, oí
el maullido confuso de su gata persa
como la música de Lolo's Air.
Me detuve junto a mi ventana y al abrirla, vi
dos lágrimas cayendo por sus mejillas
del tamaño de un mar de gatos sin hogar.

* *Lolos' Air:* una obra musical de David Teie que compuso esencialmente
para los gatos.

—Varsovia, 5 de julio de 2020

NO SE PARECE A SÍ MISMO, CON POEMAS POLACOS

Mirando desde la ladera de la montaña
al punto más alejado de la estepa,
y al águila que vigila el cielo
en busca de mala suerte.

Tantas respuestas como preguntas,
algunas prosperan sin respuestas y otras sin preguntas.
No comprenden el calor del rayo cuando resplandece,
ni el fuego cuando arde.

De camino a la meta
¿¡Bastaría con un breve gesto,
enterrar la cabeza del objeto
para impedir la puñalada del vacío?!
Parece más significativo un diálogo con las estrellas y
las nubes que pasan
que un lenguaje ausente
en el reino de los sordomudos,
que una memoria envejecida
leyendo el tiempo desde la palma de una tormenta.

El beso generoso y atento
entre los labios
es más poderoso que una cita repetida.
Al son de la noche
un amante soñador, desafortunado y confundido

entre eclipses solares y lunares
y lo que queda de un cielo visto al revés.

—Birmingham, 8 de diciembre de 2020

A LA MEDIDA DE UN PULSO

Érase una vez, el momento en que nací, a metros del río, de día o de noche, antes o después del mediodía, antes o después de medianoche, o más tarde. Es posible imaginar todo esto. Después de tantos años, nadie de la familia jamás me lo ha dicho: ¿Cuándo vi la luz y la oscuridad, en qué mes o dos, en qué estación? Sabían cuántos años tenía la vaca cuando murió y cuántos perros vigilaban la casa durante la tormenta. Se acordaban de los peces muertos.

Ahora que mis padres ya no están, ¿quién podrá descifrar estos misterios? ¿Quién me dará un beso en la frente aunque sea una vez en una fecha imaginaria que yo creo que es mi difunto cumpleaños? ¡Oh, nacimiento desterrado, oh, muerte misericordiosa, oh, cántico en el desierto, oh, inextricable enigma!

Una angustia que se convirtió en indiferencia que me llevó a aceptar la idea de que estaba desterrado del calendario, de la geografía del tiempo y de los acontecimientos.
Un extraño por una voluntad invisible.
La única fecha predestinada es una lágrima fúnebre a la que me aferro, celebrando a cada instante del cumpleaños de una flor y una mariposa en el jardín, un cumpleaños recortado por la suerte de los apéndices, dibujado por un corazón que late, y cada vez late más deprisa como un tren de luz que viaja por la vía férrea de lo desconocido.

—Varsovia, 2020

Poemario

Silencio

Temat: Wydawnictwo Pisarzy i Artystów
Bydgoszcz, Polonia
En cooperación con Casa Mesopotamia, impresión,
difusión y distribución
Bagdad 2020

LEMA – MOTTO

Tus letras se borran
y las que aparecen del otro lado…
ruedan hacia la nada.
No dejes que tu dirección se estampe
con letras imaginarias   estoy flotando
            detrás del rastro.

Si el camino se cierra,
que el rizo de su seno sea una brújula
y si navegas   que sus ojos sean un ascenso
            y su triángulo su descenso.

Que tu himno sea del jardín de lo desconocido
                        del Aleph y sus vocales
en cuanto a tu nombre, bautízalo con luz
úngelo con piedad, tatua la arteria con la pluma de la
esperanza,
            y pinta esos ojos con las alas de un pájaro.
No escribas tu nombre   no lo escribas nunca
            excepto en letras de trueno.
No escribas   fuera de los latidos de la cuerda
del arco
            y no cites el brillo de la edad
            si no es por el destello del relámpago.
un puñado de nieve es más poderoso que las cumbres de
arena
igual que un pecho es más alto que el horizonte de una
estrella.

El mayor reconocimiento de lo invisible
es su ausencia
como con el pulso se descubre el amor
y el aire en los pulmones.
Así fue el principio
y así será el final,
un pájaro que sacude sus plumas
con el pico del viento.

—Jablonka, 2 de julio de 2017

RETRATO LATERAL DE LA SRA. AMAL

En el laboratorio de la oscuridad y la luz
       la esperanza gotea sobre los labios
el hilo de la fortuna   no entra en el agujero de
la vida.
       Las páginas se cierran una a una,
       las hojas de la memoria.
       La escena era ambigua detrás del campo.

       Ahí está el Hombre – La Niebla – Lo Absoluto.
Sus ojos más amarillos   que las hojas de otoño
y su pena no era más oscura que una nube pasajera
       que le robó el sueño en la flor de su vida
preocupada por lanzar miradas a una vecina juguetona
echando pétalos de flores
       sobre el cuerpo de la presunta amante
       en su vestido blanco,
       una prenda desgarrada por el engaño
       y regodeada por la eternidad
       en su ataúd de madera.
El invierno parece más misericordioso en el momento del
entierro.

Observa
la nieve que cae sobre la hierba,
y la blancura que rezuma sangre rosa de sus labios.

—Jablonka, 3 de julio de 2017

BORDAR EL SILENCIO

He aprendido a no creer en mí
ni en sueños ni en la vigilia.
Ayer estuve masticando lo que quedaba de la hojarasca de
palabras
hasta que olvidé del sabor de lo que masticaba
y con prisa me lo tragué.
Mas lo que aterra a los vivos
y lo que aplauden los muertos
es el descenso de la flecha de las palabras
en el camposanto de la nada.

Me acostumbré
a caminar por los bordes de los caminos
entre las espinas y el abismo.
Hay quien camina sobre el agua y el viento,
        escribiéndome el rostro de esto y aquello
aún tallado por el tiempo y los moretones.
Una montaña encima de otra, una falda presumida
y un río desvaneciéndose en las profundidades de un río.

        El silencio
es el músico eterno y único.

—Jablonka, 30 de noviembre de 2017

INFORME DEL ESPEJO

Nací en el campo y me dijeron: "Ponle pendientes en las orejas,
envuélvelo en secreto, mantenlo amarrado y luego échalo al laberinto de cemento",
luego añadieron: "Hay que sellarle entre los muslos".
Así lo hicieron mientras las niñas se reían,
al Maestro de los Mensajeros de Allah rezaron
y discreparon sobre cómo debía hacerse
poniéndole encima el peso del elefante y gritando: "Ahora puede ser
un vacío… sin llenar…un alma errante
entre la herida de los cielos y la arbitrariedad de las fronteras".
vacío………………………….. vacío
la interminable marcha de Moisés …………
las gotas del sueño no caerán en la oscuridad,
     el manto de la noche es siempre verde
y esta cruz ya no es la cruz.
…… G …… O …… T …… A …… S = decir – disparar – partir – desear – torturar
el corazón, la pierna y el hígado dejan de funcionar
todos los órganos y células fallan
royéndose unos a otros y
rindiéndose a la piedra
los pensamientos y el pasado se estremecen y se encuentran con la duda
Un recuerdo cosquilleado por el chasquido de los tornillos de este carruaje.
……………………………………..

Las manos me decían una y otra vez que no tendiera
la mano a nadie en el vacío y no me hiciera ilusiones.
Miré mi cara en todos los espejos
y sólo encontré sombras encima y detrás de mí,
moviéndose como estufas deshechas en el fondo del valle.
El espejo aún me pregunta con un tinte de niebla:
             ¿El rostro de mi superficie,
es el tuyo o el mío?

—Varsovia, 15 de enero de 2017

EL CÁLIZ DE POLONIA

Llévate lo que puedas
del resplandor del pájaro
toma la corona de flores
bañada en el estanque de luz
toma la leche de la juventud y el rizo del seno de la noche
toma lo que quieras, eres libre de elegir
me costó que el aire penetrara en los pulmones
envuelto en el brazo del viento
para derramarse en la boca del valle.
mi aliento es turbulento, no tengo armadura ni escudo
me arrastra la corriente, me roe el viento.
Toma,
        ahora te toca a ti.
De ti tomé lo que era inconcebible
mi alma goteó en tu planta encima de tus piedras
a pesar de la escasez, llenaste mis palabras de glamour y mi
noche de alegría

Y llenaré tu cáliz
siempre que esté vacío
de la sangre que me quede.

—Jablonka, 23 de marzo de 2018

QUEST FROM CAPE TOWN
Búsqueda desde Ciudad del Cabo

De pie junto a la valla
                    sentí su lejano viaje
quitando las blancas esposas de su padre.
                    Vi en su mano un pájaro
que arañaba el alambre del destino con su pico negro
y después de volar, noté en su pecho una angustia
se volvió hacia el árbol
y señaló con el dedo sus protuberancias, la corteza agrietada
entre sus costillas.
Un diálogo tan profundo como los bosques y los sueños de
África,
entre la encarnación del sufrimiento y la esperanza, y yo.
Dije: la oscuridad giraba,
los intensos vendavales rugían.
Aquí, hermano, la tormenta pasó gruñendo,
barriendo algunas de sus ramas
derribando sus rosas japonesas*,
como si el correo de sus terremotos   viniera arrastrándose
tras la partida, diciendo:
tengo parte en las raíces   y en su interior, aliento y
presencia.

Llévate el árbol,
Acerca tu mejilla a su tronco y a la tierra
Dijo: ¿Oyes el susurro del gemido?
Escucha bien ahora, y ponte el oído sobre su ombligo.

En su vena el sol verás.
Háblale sin descanso,
ella entiende la voz y el susurro
y vivirá de otra forma.

* "Llévate el árbol": significa, agarra o llévate el árbol, y "la rosa japonesa" se refiere a la flor de cerezo de origen japonés y el hombre africano de Ciudad del Cabo era un maravilloso huésped en nuestra casa. Vino y me ayudó a revivir un árbol que había sido derribado por una tormenta.

—Jablonka, 11 de mayo de 2018

DESLIZ

Han pasado nombres, algunos de los cuales han ido
inventando rasgos en estaciones como éstas:
En verano no hay verano, en invierno no hay invierno, en
primavera es otoño–,
nombres que se perdieron en los detalles de la ausencia pero
que regresaron de su cautiverio,
y se fueron, entonces, en el último suspiro del retorno,
resucitaron.
Me acerqué al borde del sueño sólo para encontrar
un resplandor que cubría dos senos,
y seguí deslizándome por el abismo,
                    aferrado a dos picos

que al despertar, me nublaban la vista
y mis pasos resbalaron ante su manantial.

Los nombres han vuelto y no soy más que un soñador,
escribiendo la historia de estar perdido entre dos orillas.

—Birmingham, 4 de junio de 2018

LECTURA

¿Es alce marino
o tiburón de campo,
lo que veo?
¿La que se quitó el vestido es una nube
y el que llovió un bosque?
¿El que escribe poesía es un cocodrilo
y el que traga peces un poeta?
¿Eres tú el que come de la mano de mi Señor,
y yo el que mi Señor patea?

No digas
de mi luz es esta oscuridad
y de tu oscuridad es esa luz.

No digas nada.
Lo que ves es un sueño
y lo que sucede es sólo un libro.

El viento lo pone boca abajo,
y la arena lo lee en tu ausencia.

—Birmingham, 14 de junio de 2018

PAVAROTTI Y ADAMS

La silla suele mirarme con ojos de madera
y las paredes escuchan lo que digo en silencio,
prestando oídos a Pavarotti y Adams*.
Vuelvo a profundidades que desconozco,
pero con las que he soñado desde tiempos remotos.

Una mariposa se posó en mi hombro colándose por una
ventana detrás de mí.
y me hizo un gesto hacia las plantas de la pradera.
       Me encontré perdido
entre dos deseos atravesados por el destino.

¿Cómo puedo ahora quitarme los residuos,
       insertar el resto
       en el hilo de una aguja
clavada en el ala de una tormenta?

¿¡Cómo puedo
remendar ese sueño angelical?!

* Luciano Pavarotti y Bryan Adams: el primero es un famoso cantante de
ópera italiano y el segundo es un célebre cantante de rock canadiense. Los
dos cantaron un dúo de "O Sole Mio", en Modena, Italia, en 1994, cuya
grabación está publicada en internet.

— Jablonka-Indiana, 30 de agosto de 2018

Y DIOS LO HIZO MORIR

Miraba una montaña llorando a orillas de la piedra.
Solía sentarme en el mismo lugar al atardecer
sobre la misma roca, sentía que hablaba con una fuerza
desconocida
y una caravana de hormigas construía un puente
entre los troncos de los árboles y el núcleo de la montaña.
La roca se parecía a una caracola cuando Venus emergió de
sus profundidades,
un delicado rayo, que picaba las laderas, apagándose un
instante y brillando al siguiente,
de pronto se acumuló en la cumbre
dejándose llevar por la niebla de las laderas hasta convertirse
en bufandas,
y brazaletes que envolvían las alturas
y ya disiparse.
No vi a mi madre dándome vueltas, ni a mi padre tarareando
en su paraje.
Vi fantasmas después del atardecer,
al compás de lo que sonaba como un tambor,
empujando hacia arriba
mapas de nubes.
Una estrella me vio atrapado en su cola y me arrojó a otra
entre un destello y un apagón,
un puño me agarró.
Sigo buscando un ala
en el bolsillo de un ángel
aterrado por la gente y la negra incertidumbre.

— Jablonka - Indiana, 12 de noviembre de 2018

SOMBRAS Y DESTINOS

Por el camino,
saludé a una mariposa en la corona de una flor.
Luego me llamó la atención un tronco apoyado sobre sí
mismo,
con una rama en forma de daga
clavada en la ladera.
La mitad se hundía en el agua y la otra se aferraba
a la rama del árbol.
Lo saludé,
pero el sonido hueco en su interior
resonaba una melodía que el viento había estado cantando
antes de de que llegara la tormenta.
            Un enjambre de hormigas corría a su lado
creando un ferrocarril de color pardo.
Criaturas que se movían
en dos direcciones — carros microscópicos construyendo
colonias en el tronco
y otros esperando oír lo que decía la abubilla
y lo que escondía el bosque en movimiento.
Mi sombra y yo no sabíamos
si continuar nuestro camino
o dar media vuelta y esperar a que los árboles llegaran…
Mi sombra me abandonó sin aviso, desvaneciéndose
en la oscuridad.

— Jablonka, 15 de diciembre de 2018

ASÍ ES COMO SOMOS

Se estira el cuello
las manos envuelven
los pasos labran el tiempo
el espacio es una llave que prescinde de la cerradura del cielo
los muros resultan una creación extraña
así caminó el árbol en las profundidades
así se movió la rama
así sopló el viento y las hojas rodaron desnudando el otoño.
¿Es negativa la transición del otoño,
siempre arrebatando las cosas
resistiendo a las demás estaciones?
¡Vaya fantasma desconocido!

Así es como la luz se despierta de repente,
como la niebla se avergüenza
en medio de la oscuridad y el crepúsculo,
como la gota de rocío irrumpe en el nuevo amanecer.
Así es como se teje en un telar que no es el suyo,
apenas emergiendo del laberinto de los símiles.

Así es como – se estira
buscándose a sí mismo,
en el esqueleto precursor
y el germen sucesor.

Así es como nos han confundido
desde tiempos inmemoriales.
esto es lo que somos,
lo que no se sostiene por sí mismo.

—Dublín, 30 de diciembre de 2018

JAZMÍN

Hace veinte otoños,
visité Damasco, donde el jazmín cubría el manto de mi
madre
y el rostro de mi padre enrojecía al ver a sus jóvenes mujeres.
Veinte años después, visité la tumba de mis padres,
indagando en los recuerdos del Levante y
en las praderas de sus cielos.
Vi un jazmín
con el pecho rojizo
y un halo de espinas alrededor de la cabeza.

* A principios del milenio actual, me invitaron al Tercer Festival Cultural
Al-Mada de Damasco. Fue una propicia oportunidad para traer a mis
padres de vuelta de Irak tras veintisiete años de sep-aración.

—Varsovia, 7 de diciembre de 2018

EN ESPERA

Desde siempre, he estado escribiendo
un cuento sin retoques, ni comas.
Cada vez que se acercaba a su escenario, el camino se lo
negaba,
y el bosque se burlaba.
Le di forma una y otra vez,
una vez alabado por una gota de rocío
y en vano sombreado por una nube.
Desde el nacimiento de la arcilla, he estado escribiendo
un delirio sin guardianes
para devotos pícaros, y profetas perdedores,
a la espera de ser cargado por un meteoro y alcanzado por
un rayo.
Escribo día y noche,
pero en el interim
grito cansado y confundido: Oh Rey de la Ausencia
¿Cuándo lo soltará?
¿Cuándo se liberará el rehén cautivo de sus ilusiones?

Volé a lomos de una tormenta,
y me saltaron chispas en el oído
y desde aquel fogonazo
me persigue una sensación de ardor punzante.

—Jablonka, 12 de noviembre de 2018

EN EL MEDIO

En medio de la noche del mundo
tejo pensamientos con la energía del meteoro del amor
al que vuelvo después de nacer,
       pero cada vez que tejo algo
       veo
       muertos aferrados a los hilos.
Vuelvo de nuevo lleno de energía,
y me encuentro con los hilos desgastados.
       Les grito a los muertos:
¡Devuelvan lo que se han puesto
y, llévense las cenizas esparcidas de estos huesos!

—Varsovia, 23 de enero de 2019

SI YO FUERA DEL KURDISTÁN

Si yo fuera del Kurdistán
habría hecho alas de sus alturas,
pero soy efímero, así que me contento con bautizar mi alma
con su barro y su aroma.
Los fuegos de las aldeas me llevaron a las llanuras
y las mujeres me alimentaron con el pan de sus sueños.

Busqué mucho en el sueño y en la vigilia,
pero no encontré nada que valiera la pena vivir
fuera del bosque.
Tenía flores, pero mi néctar era de la *Gulnare* de las laderas.
Los campos me preguntaron por Kirkuk y su origen,
y no busqué lejos
porque mi costilla es una cuña de su bosque
y de sus sueños bebo lo que viene.
Me preguntó con asombro: ¿Eres forastero?
Le respondí: No.
¿Conoces a los Kurdos a la entrada del valle?
Le respondí: No.
¿Eres toda esta cosecha escrita en la era?
Le respondí: No.
¿Eres el arco iris
que viaja errante, con esto y aquello?
Le respondí: ¡Sí, claro!
Soy del néctar de su granada,
de la matriz de su montaña.
Un legado de su relámpago y su sueño,
una llamada que un ángel lleva

siempre que una luz se apaga,
y su llama se enciende con meteoros
para que su noche se convierta en un relámpago
y el amanecer en su corona.

—Varsovia, 5 de febrero de 2019

EL SUEÑO DE CÉSAR VALLEJO
The Dream of César Vallejo

Huascarán* no debería haberme abandonado todos estos años,
vagando entre la soledad y una mueca hambrienta,
sentado frente a una escena, en parte oscurecida por las nubes
que colgaban de los bolsillos del cielo tras la niebla.
En un momento fugaz,
me vislumbré escalando un acantilado,
tropezaba en cada trepada con un jadeo
y la altura que había conquistado me fallaba
rompiéndome una costilla o dos al huir.

De pronto oí que llamaban a la ventana,
y una rosa me tendió de la mano del abismo,
con una palabra enredada en su cuello:
¡Felicidades por tu nueva tumba!

Grité
aún no he muerto en París,
–pero ya he desaparecido muchas veces en mi país–,
aún estoy al principio del camino
y esta sangre derramada a mi alrededor
no es más que himno enamorado.

*Huascarán: es la montaña más alta de Perú.

—Birmingham, 10 de noviembre de 2019

Poemario

Invitado

Dar Al-Mada para la Cultura y la Difusión
Bagdad 2018

POEMA BORRADO

Dondequiera que vaya
mi página blanca
se cubre de niebla
y se sella de ausencia,
atravesada por un corazón con una flecha.

....
....
....
....

Dondequiera que estés
di: despacio,
soy blancura, léeme.

—20 de agosto de 2012

SORDERA

Las ruedas aceleran… ¿Hacia dónde?
suenan cánticos se escriben epitafios en la arena
los martillos golpean la frente de las veredas
los vendedores agudizan sus voces
guau, guau, guau, los hombres ladran   las mujeres
tropiezan asustadas
bocinazos de carros   aceite
                    chorreando sangre
las voces de los muecines resonando en el espacio
un silencio sobrecogedor en lo alto
multitudes, frenesí, sangre, risas
arrepentimiento por todo

Yo, en cambio
ya no entiendo lo qué pasa,
¿¡Por qué tengo los oídos tapados con algodón?
¡Por qué
tanta
sordera!

— 25 de agosto de 2012

SOMBRA

La sombra que se extiende hasta el umbral
tras la luz del intenso fuego
mira desolada
hacia la inmensa llama en las paredes,
cubriendo la casa e invitándome a dormir.
           El sueño habría sido delicioso
de no ser por la espada que cuelga sobre el cuello.

— 31 de agosto de 2012

FORTUNA

Tu fortuna no está en ganar o perder
morir o sobrevivir, inhalar y exalar
amar a una esposa, a un hijo o a un amigo
conseguir otro parche para una bandera deshilachada
tener un viaje bendecido por las estaciones
y envidiado por los usureros,
en que desaparezca una dolencia en un mes o unos años
ornamentar el rostro y la geometría de las mandíbulas
mover la roca que se asienta
en el pecho del camino
maltratar a los que dicen, No
y animar a los que dicen, Sí
remendar un beso roto
en el arrullo de los labios.

Ni en el "no" ni en el "sí"
está tu fortuna de ganar la lotería de las estrellas,
con una vida de dos alas.

—Varsovia, 7 de junio de 2012

CERCO

¿De quién son los zapatos
atrapados en el alambre de espino?
¿De quién es el rostro que se esconde tras esta máscara?
¿De quién es el alambre que se hunde en la carne?
¿De quién es la sangre que lo rodea?

—Varsovia, 3 de junio de 2012

VISIÓN

Vi en un sueño
ángeles, hombres y niños
innumerables
vestidos con cabellos de mujer,
y un letrero que decía:
Desde aquí hasta el principio de la creación,
desde aquí hasta nuevo aviso.
A priori a priori.

—Varsovia, 5 de junio de 2012

MANDÍBULAS

La gula es un espejo de la pérdida
la pérdida es una máscara de la muerte
la muerte es la trascendencia de la conciencia
y la conciencia y la muerte son dos orillas
vigilándose mutuamente.
Dos mandíbulas de absoluta necesidad
en el hueso del abismo
encajándose.

—Varsovia, julio de 2012

MISTERIO

A veces me llamo viento
y otras veces ventana trabada por el viento.
Me detiene una piedra en la que se envuelven flores,
una cosa olvidada, e indefensa, adornada de verdor.
Sé un vino y no una copa enamorada,
pues el beso viene de un lazo desconocido
o de un ebrio invitado en el labio de un pecho.

busqué largo tiempo este misterio
oí crujidos detrás de la puerta
y lamentos entre los árboles.
temblores en la mecha del farol

El cosquilleo de un corazón en medio de la tormenta
que sólo el silencio puede reconocer.

no sabía que lo visible y lo invisible
alternaban sus papeles
que si no fuera por lo que hay pintado tras el objetivo,
no verías la imagen más que como una ilusión.

Te confundías con los ciegos.
Cierra un poco los ojos
y verás que el espejo tiene dos caras y dos almas,
y un corazón que sólo en ti late.

—Birmingham, 29 de febrero de 2016

LA MUERTE DE SHAHRYAR

Las estrellas descienden al inframundo,
las palabras — el toro herido, tendido mirando a las nubes
suenan los tambores y cantan las lenguas
Para que las negras nubes vuelvan a la tierra.
Así empieza la guerra y acaba el amor —
Una secuencia post-apocalíptica.
El cielo tose y los meteoritos caen sobre las cabezas
y el hierro arrastra a los árboles al desierto y a las personas a
la barra del destino.
      Entonces, el aliento escasea,
      la visión falta.
¡Cuánto tarda en anularse el espacio
entre el beso y la calavera!

Estábamos viendo una película sobre la Guerra del Golfo
en la que los generales hablaban de victoria,
los tiranos fantaseaban con vencer a la muerte
      y el pueblo menguaba,
      con un machete atravesando la médula.

En esos momentos, el atardecer enrojeció,
mis ojos se posaron en un libro amarillento, ya hojeado.
La cubierta del tercer volumen de *Las mil y una noches* era
brillante,
olía a recuerdos. Sus hojas estaban arrugadas
      como si le hubieran arrancado los intestinos de
cuajo,
      revelando cicatrices y gemidos

de cuentos que hablan de su pasado en tiempo
presente.
Un charco de agrios sueños   que un día vomitará su
presente.

Encogido estaba el corazón de las noches,
las tardes goteaban en una noche cuyas cruces brillaban
hasta que la bala atravesó la boca del libro.
          Su aliento aún no se había cortado,
mas un grito surgió de una boca sangrante
          del tamaño de un alfabeto.
Las palabras relinchaban, las llamas emergían
de labios   detenidos   a mitad de camino,
y letras aún sin terminar.
El cuento debía
continuar hasta el último alba de la vida,
entre los hilos de sangre que se tejían
y un beso que imploraba la hoja de un sueño.

—Varsovia, 5 de octubre de 2013

DOS CUERPOS

Dos cuerpos se encuentran,
un acechador vislumbra a otro entre la multitud,
su mirada se desvía y sigue caminando, confuso.
El latido del corazón se convierte en el ritmo de una torre
que pasa
arrastrada por una constelación de estrellas rebeldes.
Dos acechadores se encuentran frente a frente
sin preocuparse por nada.
–Su apariencia es una corona de rosas
y un nido resplandeciente de soles y relámpagos.
Su fragancia se la lleva el viento
y el tiempo escribe en su nombre en el Libro de la Eternidad.
Los hechos ya no tienen sentido y la presencia no es más que
un temblor
que encuentra el alma con lo que estalla del fuego,
y a veces tiene la fortuna de una chispa
            cuya llama no se apaga.
Dos cuerpos se encuentran
tras arder y renacer en la topografía de la existencia.

—Birmingham, 2 de septiembre de 2016

EL LIBRO DE ARENA

Animaron, jugaron, cantaron, se cansaron
y despertaron a una escena de rugidos.
Aquel nido dejó de seducir hasta el pájaro.
          Los tropiezos de la fortuna llegaron sin libros ni
heraldos,
las blancas páginas se tiñeron de negro y las líneas las escribió
un ángel caído.

Antes de que acabara su boda, donde se encerraban los dos
besos
          un momento entre el otoño que llegaba y el pasado
con su polvoriento pasado,
extendiéndose en el azul del mar, el rojo de los labios,
          y el color de una cama cuyos detalles no se habían
feminizado.
De pronto el redoble de los relámpagos sonó al son de unos
pechos que nunca habían conocido
más que el sabor del florecimiento y el deslumbramiento
                    un grito atravesó la oscuridad
dejando un rastro sangriento en el lecho
                    y un fino hilo que conducía a la puerta.
Que el *Ensayo sobre la Ceguera* siga siendo un tratado
revelador,
          las arenas tienen sus enseñanzas traicioneras
          los vientos sus cánticos,
y en caída los jadeos, relámpagos, truenos y meteoros.

A ella, le robaron el alma, en nombre de una mente robada

y de un legado pasado y desaparecido,
colgaron su sueño sobre el candado de la ausencia y
volvieron.
Tocaron sus panderetas una y otra vez,
                repitiendo las canciones de medianoche, pero
se olvidaron de que el hilo del día era un destello coronado
por el sol
velado por impensables abrazos y sueños que alimentaban
su aluvión de almas.
La mitad de un labio en la bebida y la otra
por un hacha besada.

—Birmingham, 15 de septiembre de 2016

RESUMEN

Mira el río cómo jadea radiante en el momento de
la marea,
el desierto casi desnudo, borrados sus contornos,
la hogaza de pan secándose en la boca de un pájaro,
y cómo las hormigas hacen un camino que termina al
principio de la visión.
¿Es éste el camino más recto que nuestros cuerpos?
Mira lo que no se ve y escucha lo que no se oye
pon los dedos en la boca del tambor,
y mira cómo se desvanece el crepúsculo,
entonces te percatarás de lo tremendo que es ser visto por
lo que no se ve.

Bendita la noche vestida de niebla
y el papel que prometa tinta.
la mariposa que teja sus colores en la página de la flor
y los pétalos de rosa que se arrastren hasta el
corazón
con un suspiro rosado.
Benditos sean los ojos insomnes
de tanto mirar lo desconocido.
Besa las gotas de rocío en los macizos de flores
y alaba las alas que revolotean en las ramas
y los manantiales que te cruzan y fluyen tras las montañas.
Alaba cada jadeo, suspiro, resoplido,
y pluma que el viento sopla dondequiera que sople,
y el arco iris cuando parte el cielo por la mitad.
Arrodíllate ante quien da vida de la nada sin
pulmones

y recuerda que el amor de las piedras es más útil que el aire viciado,
que un escupitajo es más hermoso que las palabras que se hunden en el fango,
que un beso es más delicioso y más rico que los tesoros de Salomón.

El amor es un sueño sin fin,
un regalo que no se puede devolver ni dar
y que el "no" es más más alto y poderoso que el "sí".
Esto es lo que dijo la abubilla ciega,
y lo que ignoraba la nada.

—Birmingham, 18 de septiembre de 2016

FIN

Sopló sobre la mesa
colocó encima un chal, dos pulseras, un anillo,
una pinza para el cabello, y un collar adornado con
corazoncitos
luego colgó el bolso del asa de la silla
entreabrió su ventana
y se dirigió a su cuarto de baño con pasos pesados.
Se tumbó soñando en la bañera,
con las piernas relajas, los ojos cerrados
la boca llena de rosas,
y la cabeza coronada de jazmines.
De repente un susurro cálido acarició su cuerpo,
dedos de la memoria siempre en vigilia.
Se despertó en el fin del mundo,
y salió como si estuviera borracha.
El tren de alta velocidad había pasado de largo,
y todo tembló
no quedó nada sobre la mesa
excepto el rastro de un escalofrío
y dos labios crecientes refugiándose.

—Jablonka, 23 de septiembre de 2016

CAMINOS DE ASCENSO

R— Renacimiento

Enamórate una y otra vez
hasta el último aliento
y una vez te enamores
renacerás.

C— Consejo

No mires atrás
excepto para decir:
¡Adiós!

R— Regalos

Dame un labio, te daré un corazón
Dame una espina, te daré una rosa
Dame una sombra, te daré un sol
Dame una noche, te daré la luna.

R-L— Rayos de luz

El amor
te regala un puente que asciende
a los rayos de la luz.

D— Destinos

Que el fuego arda con sus tobillos
que la luz brote de su pecho
que el sol teja sus hilos
que el universo sea tan pequeño como sus pezones,
y que la rosa beba de su néctar,
no es nada extraño todo esto
mientras las llaves de la noche y del día
están en sus muñecas.

—Birmingham, 12 de febrero de 2017

ORACIÓN

No rezo
pero ante el beso hambriento
la luz, el corazón de una hoja al viento
y el oleaje de un río, me arrodillo

No rezo
pero una lágrima separa a dos amantes abrazados
mientras tiemblan al ver a una niña
de rodillas en la miseria, que se refugia,
se vuelve una nube, crece más y más hasta convertirse en un
verso sagrado,
que asciende al cielo. Veo los planetas y las estrellas,
por primera vez oigo a los ángeles
que la recitan y sobre la alfombra del viento se inclinan.
Siento relámpagos y truenos penetrando mi cuerpo
y el ángel susurrando:
"Tu oración es aceptada en nombre del Único Dios,
        mi oración no es reconocida por los demás,
        es un himno en el resplandor de la adoración".

No rezo
        pero
por una cicatriz con un hacha, me arrodillo.

—Jablonka, 6 de mayo de 2017

PEZUÑAS

Ni la música del día acaba.
ni la llama de la noche se apaga
pero una onda corre por sus venas
y se expande lentamente.
Alcanzo a ver sus miembros   reunirse
y elevarse con la velocidad   de un disparo,
desencadenando destellos de melodías.
Así es la poesía para el cielo y la tierra, asciende y desciende,
          el viento chasquea, el espacio queda al descubierto
          y el polvo de ambos lados se esparce
entre las palmadas del viento
el sonido de una trompeta – presagio o confesión de labios
un pezón enamorado de otro al apretarse
la niebla se levanta, las piernas suben y bajan
los huesos de las letras – las pezuñas de la visión
el significado intercambiable: contraer y extender la
compasión
en un abrir y cerrar de ojos, un cuadro toma una forma
intemporal para disiparse pronto en el horizonte de la visión.
Grabé las palabras en las pezuñas
como las huellas de una garra en la piel.
Colgué mi voluntad en la cuerda del sonido,
y navegué hacia el horizonte.

—Jablonka, 17 de mayo de 2017

APÉNDICE DE COMPENSACIONES

1. Al revés

Todo lo que se ve hay que leerlo al revés en el país, por el
bien del buen karma:
La basura no existe porque la limpieza es una abominación.
La luz está de vacaciones indefinidas porque su continua
presencia huele a conspiración.
Los pavimentos no importan porque son caóticos y utilitarios.
Si Dios quiere, firmar contratos falsos te acercará al esperado
Hajj.
El oscurantismo es una metáfora del secreto
para ahuyentar visiones pornográficas canallas.
El día no existe
porque está en paro.
La idoneidad es una creación colonial,
y un lastre de rostros imperdonables.
Caminar con la muleta de la ilusión   es un bote salvavidas.
Todo debe   leerse al revés,
excepto la *"Surat Al-Munafiquin"*,*
léela varias veces,
y cuélgala como eslogan
en la Plaza Tahrir.

Oh Dios, ¡cuántos son tus enemigos!
Oh Tiempo, ¡qué extraño eres!

* Capítulo del Corán dedicado a los Hipócritas.

—Náyaf, 22 de agosto de 2015

2. Agarra tu herencia y márchate

Oh dioses de los otros que me rastrean
Oh dioses de los otros que se alimentan de mi sangre
Oh dioses de los otros que llevan sus palas día y noche
Oh dioses de los otros que afilan sus cuchillos en los cuellos
de mi pueblo inocente
Oh farsantes disfrazados en nombre de dioses
      de la era de Yaghut, Taghut y Dhu al-Shara,
      recitando versos que no se parecen a los míos.
      Oh ustedes que no hacen más que arruinar.
Oh Dios mío, aparta de mí las guadañas fascinadas por la
muerte, la cosecha ha terminado.
      Oh dioses extraños e ignorantes
      del diccionario del amor y de la mariposa del jardín.
agarren su herencia y váyanse   al olvido,
pues el Dios en el que yo creo no es más que una luz,
no es más que una plegaria de misericordia
y efusiones de amor y adoración
suplicando el beso ante los labios.

* Poema escrito tras el bloqueo y la masacre de la Ciudad Shi'a Sadr en Bagdad, llevados a cabo por las fuerzas armadas iraquíes y estadounidenses, entre 2004-2008.

—Birmingham, 11 de mayo de 2016

3. Agradecimientos

Gracias a los bosques,
y las llanuras que se parecen a mi alma en su bifurcación.
Gracias a las montañas por soportar las penurias
y las visiones que ven antes que nadie.
Gracias a las arenas de Oriente, por amar la lluvia,
y a los cables eléctricos por su constancia.
Gracias a ustedes, hijos de Oriente, por cargar con los
pecados de sus padres
y a ustedes, mujeres, por cubrir la desnudez de sus hombres.
Gracias a ti, palmera, con tu bandera caída,
por un país perdido en los basureros de la memoria.

Gracias a las flores por mantenerse al margen,
y al viento por seguir el rastro.
Gracias a las calles por aguantar tantos zapatos,
y escuchar tantas palabras vacías.
Gracias al sol por su vigilia,
y a los cementerios por cargar con tantos muertos
y a los gusanos por no arrastrarse
sobre lo que queda del cuerpo enfermo de Irak.
Gracias a las pesadillas más compasivas de los políticos,
y a los pájaros por pintar un cielo que Dios ha aborrecido,
traicionado por su pueblo y sus profetas.
Gracias a los santuarios de santos y santas,
por aguantar las alucinaciones y torpezas de la gente.
Gracias a las palabras que no me han traicionado,

la imaginación que nunca se ha agotado
y el exilio que aún me ha roído.
Gracias por los amigos que me quedan
a pesar de las tentaciones,
y a los dos ríos sangrantes
　　　　por su fortaleza
　　　　aún viva.
Gracias, muerte,
llegas demasiado tarde.

—Varsovia, 26 de enero de 2013

Poemario

El banquete de los peces

Casa Mesopotamia, impresión, edición y distribución
Bagdad 2017

ROJO ATARDECER

¿Va usted solo,
sin un destello detrás que atraiga las miradas atrevidas
e invite a sus honorables al optimismo o al llanto?
¿No ve usted a las cantantes nocturnas
aullando, bailando y brillando
bajo el destello del neón,
y cómo se vuelven de espaldas y mueven esas caderas,
oye usted todos esos aplausos y jaleo?

¿Por qué destilas esta charla hasta el final
y eliges los bordes de un abismo,
esperando la salvación y sabiendo muy bien
que la salvación no vendrá?
Allí están las alegrías de los pueblos del Sur,
allí están las cumbres que se funden con los mares,
allí están los delfines cantando el nombre de la creación,
cantando lo que hemos perdido de vista
de lenguas que los mortales han olvidado.
      mi hermana pez
      me habló de lobos,
      y lenguas que se hablaban
y se ocultaban tras máscaras benévolas, aunque engañosas
      y mi hermano, el pájaro, aleteaba
      a lo largo del miserable camino,
      mientras alguien movía la cola y asintiendo con la
cabeza,
¿Era compañero de andanzas y símbolo de lealtad?
Allí brillan los lirios

y el rojo atardecer
es un pañuelo de esperanza.

Allí están los ángeles y los cielos,
el océano aleja de mí a los dragones
y de mí las montañas alejan rayos y rostros malévolos.
      caminaré despacio
      hacia los manantiales
      protegido por todos lados por las aguas,
      y mi voz resonando
      sin favor ni daño.
El aliento de la ballena y la espuma voladora me resguardarán
de la negrura y la arena, de la hipocresía y las malas
intenciones
que permanecen en la cabeza, el ojo y la memoria,
en la labor del camino, una abubilla lloró luego
un ruiseñor me bendijo, un cuervo suspiró y una tórtola
arrulló.

Elegiré la estación de las plantas y el color de las mariposas,
el temblor las pequeñas olas al atardecer
y el himno de las flores cuando cae el rocío.
Me protegerá la gente de "Eire", y "Dagda",
y "Danu", y los bosques de "Kerry"*.

      Juntos,
los vientos soplarán y los relámpagos
      ¡Sí, claro!
atraparán a los pájaros en sus nidos,
      juntos,
ocultándose en las nubes

barriendo el espacio
y desenterrando las tumbas
con la escoba del relámpago y el trueno, ¡No!
Juntos, ¡No y no!
Así viviré
en las alas de una tormenta
y así moriré...

¡No se aflijan, oh, días,
cuando llegue el otoño
y no desesperen, oh, rosas!

Notas:

* Dagda: Dios de los pactos y emperador de la vida y la muerte en la mitología irlandesa.

* Danu: Diosa de la abundancia y la fertilidad.

* Éire-Éirland: Nombre que los celtas dieron a la antigua población irlandesa. De allí la derivación del nombre actual de Ireland (Irlanda).

* Kerry: Condado de la provincia de Munster situado en el suroeste de Irlanda, en la costa atlántica.

—Birmingham, 6 de enero de 2014

INVITACIÓN

No invitaré a nadie a mi casa
mi cerradura está oxidada
mis vecinos son ratas
mi portero es un cerdo
y la casa está encantada.
No invitaré a la hija del vecino por miedo
al ángel de las hadas que se sienta detrás de la puerta.
No invitaré al delfín, el amigo de la soledad.
No invitaré al que camina detrás de las sombras del sultán,
ni a lo que llamo inmundicia del mundo.
Esta noche
he decidido invitar al mar
invitar a los peces marinos después de la fiesta
para que me lleven al vientre de la ballena
para poder escribirme
y tocar mi melodía prometida.

— 16 de junio de 2014

VISCOSIDAD

Salía de una fiesta
sin saber porqué el agua escaseaba
y hacía más calor.
No sabía porqué el viento había movilizado a la diosa de la
siembra y la cosecha
por qué las mujeres eran tan parecidas como una moneda
por qué las palabras habían perdido sus puntos y sus comas
por qué hablaban los que tenían la barriga respingona
las mejillas hinchadas
y los ojos ciegos.
Ni siquiera los poetas podían distinguir entre poetas y
prosistas
pues todos recitan poesía sin lenguas,
escribiendo en la arena, en el humo y sobre el agua
sin letras, sin color ni olor,
porque todos hacen lo mismo
cuentan la misma broma, los mismos espejos
donde los ojos ven las cosas cóncavas o redondas.
No sé si Dios y sus profetas están ciegos.
¿Es el universo una olla gigante en la que todos se revuelcan,
o es convexo el cielo?

El eco llegaba como un tambor vacío.
Salía de una fiesta de ranas,
la despedida era flotante y resonante
de la que no quedó ningún recuerdo,
donde la absoluta sordera
de los significados se hizo pegajosa
porque la perfecta visión se redujo al cacareo.

—Birmingham, 7 de noviembre de 2014

DÍA CERO

Volveré cuanto antes
sin dejar una aguja en mi camino y un hilo de sangre en mi
cuerpo.
Volveré al manantial que me salvó del engaño de las
consignas
y de los pecados de quienes mezclaron el cordero con los
Libros Sagrados.
Volveré para tamizar la imaginación
de las impurezas de la hipocresía de los árabes beduinos
moler el salvado que llevo dentro,
y escribir mi Evangelio postergado y un salmo aún sin
terminar.

En mi urgente búsqueda de algún sentido
¡Oh, Nínive, no me quites el sueño de mi regreso anticipado!
¡Oh, Nínive, olvidé pintar una palabra en la estatua de una
era devastada!
¡Oh, Abu Tammam, ahora todo es perfecto. ¿Lo es? ¡No, y
no!
Llegué tarde, pero volveré despejado después de entregar
lo que me había llevado
de plumas, aire podrido, barro,
palabras y falsos honores…

Recuperaré mi ritual de bañarme
como un mandeísta
besaré a los gansos, veré peces
escurriéndose entre mis dedos

les leeré mi diario de viaje
y les invitaré a un festejo acuático
tras lo cual devolveré lo que he tomado prestado
de las sobras del alfabeto.

—El día de mi nacimiento, 1 de julio de 2014

PRIORIDADES

Quiero mirar al cielo boca abajo
quiero volar con una pluma o un ala
quiero escribir al revés, leer al revés
quiero que la gente hable como extraterrestres
quiero caminar siempre en dirección contraria
quiero que el signo permanezca
en los labios, la lengua, las cejas, las yemas de los dedos y el
rostro de cada engañado
por su lengua, degradado por sus palabras, deformado por
sus discursos
que derrochan sangre y dignidad en su nombre y en el de
sus profetas.
Quiero que el gesto permanezca en lugar de los
saludos embusteros
quiero cambiar deseo por deseo, quiero que
desaparezca toda moneda
quiero que los pozos del deseo se abran y las aguas
fluyan cuando sea necesario
y que las manecillas del reloj marquen el pulso del
amor
que hablen el aire, el árbol, el animal, el alba y la alegría,
pues son mucho mejores que muchos que hablan.
Quiero que el beso ocupe
el lugar de las paredes, los techos, las piedras, las calles y los
lechos.
¡Imagínense un espacio de besos!
Dado que este asunto es imposible
quiero que los profetas

resuciten ahora y viajen a algún lugar remoto
de Nueva York, París o Tokio.

¡Ya veremos lo que hacen!
Quiero ver a Dios una vez
y luego volver a vivir la vida de la muerte.

—Birmingham, 3 de diciembre de 2014

LENGUAS EN LAS QUE NO VIVO

Palabras que conozco
palabras que respiro
que me irritan, me escupen en la cara, las rechazo
me pintan como una estatua de piedra o un pájaro
desplumado
un hereje, un pirata exiliado en islas desiertas.
Voces de todos los colores y lenguas
que hablan de un pasado que desconozco
y manos que cortan la cuerda
que sujeta la cometa
que este niño perdido llora
en la lengua de los opuestos, atrapado en las nubes
llevado en la palma de lo invisible,
un autógrafo en una nube.

Un ciego en busca de una linterna
          palabras que me leen
y letras que caen de mi bolsillo
que los muertos recogen de la boca de los muertos,
pero la primera letra y la siguiente se mezclaron
con la última o se borraron,
en busca de
lo que significa escribirse
          fuera de lo escrito
          palabras que respiro
pero en las que no vivo.

—Birmingham, 8 de enero de 2015

MANÍA

Antes buscaba algo:
un animal silvestre que me tratara con cariño,
un texto que me tomara el pelo en los ratos de ocio y
aburrimiento,
una nube para escupirle en la cara y transmitir mi grito al
cielo,
un libro inaudito de un autor que veía el mundo desde su
lente,
un aeropuerto transcontinental y transnacional,
ángeles que me saludan porque me conocen por lo que han
escrito en los libros de derecha a izquierda,
alguien que te amara sin corresponderte: te sientas a su
lado, silencioso e hipnotizado,
como si estuvieras ante un pequeño delfín.

Me buscaba en los basureros de la creación.
De repente dejé esta manía,
esta lepra nasal de los buenos modales.

Detuve todo lo que se interponía entre la ramita y la
mariposa y yo
entre el río y yo, entre el pez y yo y el beso inocente,
entre yo y el aire, entre yo y el ritmo y no su eco,
entre yo y las olas y las raíces y las cosas que me buscaban,
entre yo y la idea de que la muerte
no merece más que el escupitajo de la vida.

Entre la alegría de mi perro y yo cuando vuelvo a casa.

—Birmingham, 3 de febrero de 2015

TEJIDO

Hace dos o cuatro días
he estado observando un pájaro y una rama a la que volver.
Saludos a nuestros hermanos que caminan sin fronteras
Y no tienen más guía que sus alas.
Sé que uno se refugia en un tocador
que puede ser un espacio de cadáveres soñadores,
presente como la suerte de los miserables
o refinado como el arrullo de un ángel glorioso.

Conozco al denunciante
saliendo de una neblina insoportable,
pero no conozco al bebedor de la copa
que ahora bebe lo que queda de mi sangre.

Oh, Dios de los manantiales y de los árboles,
Oh, Dios de la niebla que se esconde
tras la oscuridad
y de la luz que ni se cansa ni descansa.
Hace dos o cuatro días,
he estado observando una pluma
volando sobre mí
y ante mí en susurros.

Oh, Dios de lo invisible,
Ud. sabe que la blancura
que el viento sopla
y la nieve esconde sus arrugas,
no es sino el tejido de mi vida.

—Birmingham, 28 de septiembre de 2014

ERRORES

Con mi mano, a medio camino de la cerradura,
en medio del deseo entre dos espacios
entre las alas derecha e izquierda,
la fiebre por tocar el asa de un corazón
casi derritiéndose como un amanecer en las lágrimas de los
ojos.
Giro los dientes de la apertura, pero
me perdí la arteria que conecta
los senos.

Qué equivocado está este capitán,
qué equivocada está esta llave que cae
                    de la palma de mi mano.

—Jablonka, 20 de octubre de 2014

EPIGRAMAS - ARS POETICA

I.

¿Es ésta la poesía que quieres, despojada de verdor y glamour?

Que la poesía sea fresca como el aire, fiel guardiana de la imaginación, la inocencia y la palabra,

en un mundo que muere a cada instante por vivir una vida salvaje.

¿Es esto poesía que dijo la revelación y recordó el olvido?

II.

Oh, potranca envejecida antes de la boda,

    oh, palma cuyas trenzas se cortaron en vanas guerras,

    oh, campo que las estaciones malograron,

    oh, pueblo olvidado, tú que me heriste el corazón abandonándome,

    has hecho de lo invisible un símbolo de resurrección.

Mi padre no distingue entre la lectura y la escritura que desconoce,

pero tenía despierto el espíritu de la intuición.

Mi padre le dijo un día estas palabras:

a su hijo que se perdía en el laberinto de la poesía,

deplorando la inconstancia de las palabras y el destino miserable y desafortunado

de los poetas.

III.

El poema y el pan me bastan
para apiñarme entre las estrellas – dijo el vino,
y el beso apretó sus labios, esperando la tormenta.

IV.

Escribe con tu corazón cuando sonríe el himno de la
eternidad,
abre una alcoba en el bosque de la noche,
besa sus muslos y arrodíllate
ante los dos pezones.
Tus votos y plegarias
todos son aceptables por el Señor del Universo,
palabras que el sueño y la niebla cantan,
y los labios honran.

V.

"La poesía es la otra cara del alma", dijo Elytis.
Así que escucha mi canción:
        Si un pájaro se posa en tus manos,
        si una mariposa se cierne sobre tus cejas
        si un trueno, un relámpago y una nube te invitan a
un banquete en el cielo,
        si un gallo canta antes de tiempo,
        si las montañas, los valles y las estrellas te invitan,
a encender una segunda llama para Prometeo,
si escribes una carta tras una puñalada, formula una frase
tras la agonía,
y besa una boca tras el anhelo y el ardor.
Son distancias, mundos desolados
habitados por pastores desterrados

cuyos senderos recorren los que saben.
Si alcanzas lo que ellos cortan
si menosprecias lo que crean,
entonces di: Oh, alma, oh, Paraíso, oh, fin del mundo,
soy viajero en busca de la primera chispa,
de un altar donde realizar mis abluciones
antes de que las palabras sean tragadas por la oscuridad y
la quietud.

—Birmingham, 17 de noviembre de 2014

RESPLANDOR

Me miro dentro y veo
sombras de sueños dispersos,
peces retozando en estanques sedientos
y senderos con señales incoherentes.
Estos delfines y tiburones
me conocen y yo no los conozco
estas mariposas y arañas
de pastos y praderas
me ven y no los veo.
Otro rostro del viento,
este tambor de hojalata,
el sonido que emana de aquellas profundidades
"¡Que las palabras de mi rugido me salven!"

Levanto mi dedo índice,
agitándolo a derecha e izquierda
sólo para ser impedido por los cielos y tirado por las raíces.
Todo me duele,
miro atentamente estas tinieblas y más allá
y garabateo letras sangrientas en sus paredes.
Veo mi dedo índice como una flecha clavándose en
un corazón
que no es el mío.
"¡Dios de la venganza, oh, Señor, oh, Dios de la venganza,
resplandece!"

—Varsovia, 28 de agosto de 2014

RITUALES

Cada día peino y desinfecto mis ideas
lavando las palabras y las letras
después de haberse hundido en el barro de la vida.
(Creía que eran sumisas o mandonas).
Las sumerjo primero en la arena de la pradera
luego subo a lo alto de la montaña
para frotarlas con copos de nieve,
exponerlas al aire
y habitarlas, tal un istmo de rayos y truenos.
      Pero antes de crearlas
      las bautizo con manantiales
      sumergiéndolas en luz y llama…
      Luego abro la fuente de los sueños
para quitar cualquier suciedad o impureza,
coloreo tantos peces que desee
y libero a los ciervos en la estepa,
      hago las paces con vientos y tormentas
      y allí, izo remos y velas.

      Barcas y arcas
      extiendo en el mar,
      y pájaros encima libero.

Así acaba el día,
y así empieza el sueño.

—Birmingham, 13 de noviembre de 2014

GIRASOLES

Me detuve frente a un girasol
con vistas a una carretera que llevaba a un lago
en la campiña de (Kerry)
azotado por la lluvia y el viento
y amustiado por un mísero sol.

Lo fotografié de cerca, contemplando
sus cavidades y sus palmas suplicantes.
Cada dedo, un acorde en el círculo.
Lo miré atentamente
pero enseguida agachó la cabeza,
ocultando sus venas para que la sangre se volviera
del color de su azafrán.

No todas las flores conocen la lluvia.
No todas las flores entienden el viento
y sus golpes en las ventanas.
No todas las flores tienen llave para cierres extraños.

Me detuve frente a un tierno girasol,
imaginándome una sombra o un bosque.

—Tomies Wood – Suburbios de Killarney, Irlanda, 17 de
agosto de 2014

VELADA DE POESÍA

Quería posponer mi visita a la tumba de mi madre,
el cielo se apresuraba a desplegar sus mapas
y de repente me detuve en la plaza de la XX Revolución,
donde no había gritos rebeldes, ni armas desenfundadas.
Me detuve, pero no alcancé a ver bien los rostros,
había demasiados transeúntes, demasiado polvo.
Los muros y las piedras eran los únicos testigos
que pintaban las uñas de la noche,
y el recuerdo del olvido.

      Recordé
que aquí se erigían estatuas
pero, han desaparecido al igual que los almanaques de los
años.
El líder se ha ido de aquí y el rey ha desparecido.
El terreno
ha dejado de existir, la rosa que aplaudía
nuestro éxito ha inclinado la cabeza,
y las señales se han vuelto incomprensibles.
Hay emigración hacia otro mundo
incluso el imán ha dejado de preocuparse
tal vez por falta de tiempo o por demasiadas quejas.

      cada uno va a lo suyo,
      el día a su tocador,
      el político a sus conspiraciones,
      el pobre al banquete de los sueños
      el clérigo a los favores del mundo y la interpretación

de lo queda de las ilusiones.
Y, yo, recorriendo el cementerio
hurgando en los bolsillos del ocaso...

No pude encontrar a nadie allí,
saqué este poema
y se lo recité
a los muertos.

—Birmingham, 01 de diciembre de 2014

DE LOS DIARIOS
DE LAS CIUDADES - KIRKUK
—A Adnan Abbas

Muy bien, un día dije:
¿Qué tiene de malo ver Kirkuk en las palmas de tus manos,
y de sus uvas saciar tu sed,
si deseas convertirte en una espiga
o una flor en la luna?
Sus talismanes están en cada parpadeo y en cada pecho
grande.

A cada paso y sorbo de té,
en la calle de la República, que ahora no es más que una
agonía,
o en el camino real a la escuela
en las aldeas de los kurdos – un libro abierto a la mitad
de camino al postergado viaje de toda una vida,
o en los sedientos jarrones de vino armenios
y la sonrisa siria que navega hacia la historia,
en la modestia de los turcomanos y el grabado de brazaletes,
en la maraña de miradas, trenzas y montañas
en todo lo que ves postrado   al amor
implorando   las galaxias
bordando   de luz en Nairuz
inmerso   en la Nochevieja.
Yo era el ala de un pájaro y el vuelo de una mariposa,
el pájaro y el árbol.

Escucha los himnos de las pendientes y su coro
sin cerraduras, sin puertas, sólo los aguijones de la aurora
donde las mejillas se visten de rosa   y los labios se en-
treabren.
Escucha el susurro de los ojos, el himno de la tarde.

Lee un mantra en el umbral del ocaso
cuando los árboles se envuelven en la bruma.
Toma un sorbo y pinta en detalle la eternidad.

Muy bien, dije:
Pensaron que estabas en el exilio,
y se olvidaron que en él se ahogarían.

Solíamos echar un vistazo cada semana:
Jalil y yo, a lo último que rezumaba,
del cuerpo de la poesía, el arte y las movidas más aguerridas
de la escritura,
en busca de nombres que se hubieran distanciado de ese te-
rreno
        y su inmortal llama,
como S, M, S, F y G...

Era una esencia floreciente de ansiosa esperanza
temblorosa como las manos de Jean, y su única agudeza.
        de pronto, el tiempo nos magulló
las esperanzas   vacilaban entre las tinieblas y la luz,
mas las visiones remaban en boca de ballena.

Muy bien, mientras los caminos
        se vuelvan más estrechos y los árboles más pálidos
        y los vientos corran las plumas,

dije: Hoy no hay otra escapatoria del desierto
que el norte,
forastero vienes, forastero volverás.

Buscamos largo tiempo en el exilio
una melodía sagrada,
algunos campos y jardines,
lazos rotos y alientos
cubiertos de polvo,
las rosas de damasco que plantamos
y besos que dejamos en los lechos de las noches.

en el camino nos encontramos:
El país busca refugio
y nosotros, raíces.

Muy bien, dije:
En la búsqueda de un sentido,
volver o no volver

no es la cuestión.

Notas:
* Jalil: Jalil Al-Qaisi, amigo del poeta, es narrador y dramaturgo.
* S, M, S, F y otras iniciales de poetas y escritores de Kirkuk.

—Birmingham, 1 de octubre de 2014

DE LOS DIARIOS
DE LAS CIUDADES - BIRMINGHAM

En Birmingham, las nubes juegan con el cielo
intercambiando papeles entre la travesía y la ausencia
el viento jugando con el heno,
el otoño con la ropa.
Camino cerca de lo edificios
rastros veo: Dientes restaurados
ojos desconcertados y una biografía inacabada…
Nos turnamos: Los edificios llevan sombreros
La lluvia me rocía con pecados ajenos.
¡No seas tímido, oh, fantasma, todos somos pasajeros!
Recurro a las tabernas, los relámpagos y la memoria…
Caminaba y la senda me lleva a un pasado
donde iba descalzo por los bordes de los canales,
cuánto más avanzaba, más pegajosos me parecían los zapatos.

     Los puentes me llevaban a museos y bibliotecas.

     Me encontraba con cajeros por el camino, los
saludaba por despecho,
pero ellos fingían contar dinero y hablar por teléfono.
Grité: Soy Hatif, también hablo por teléfono, pero un avión
interrumpió
el acontecimiento…
Dum, dum, dum, dum, dum, dum, dum, dum, dum dum,
dum….

     Mi mujer estaba debajo de la mesa en ese momento
temblando de miedo….

     ¡Ah, es la Guerra del Golfo…! Luego despertó de su
pesadilla.

Birmingham, como ninguna otra.

Aquí vi lo que parecían cohetes transportando agua dulce.
Bagdad también tenía cúpulas, puentes elevados y tuberías
doradas...

Sacudo un tronco, pronto olvido mi parte de la fruta...
Mientras contemplo la cúpula dorada,
¡cuántas veces me ha salvado del asombro
esta gloriosa bóveda!

Estoy ciego y me dejo guiar por la intuición
al City Centre.
Veo músicos - mendigos y predicadores misteriosos.
Algunos gritan amenazando o seduciendo, agitando sus
libros,
e implorando en nombre de un Dios que agita las nubes,
que brilla y truena o ruge y llora
sobre las cabezas de los soñadores.

Oh, Dios, ¿recuerdas como yo,
lo que cayó sobre las cabezas en la tierra de Babilonia?
¿Lo que dijo Ofelia en su viaje hacia la muerte?

Te invito, oh Dios, a un paseo por el tiempo y el espacio.
Mira este libro sobre la Torre de Babel y su brocado,
y el harén de Al-Rashid y Scheherazade. No me abandones,
ni me odies, oh Grandioso.
Leeremos el último título más significativo: ¿Cómo hacer un
negocio más rentable?
Sí, juntos lo leeremos, oh Grandioso, no digas que tu vil
esclavo

era tacaño, te invitaré a un pastel que no es iraquí,
y si quieres a una bebida que te satisfaga,
y te haga olvidar esta ingratitud.

Birmingham es tan extraña como yo,
hasta los pájaros y el aire tienen olor,
y su espíritu calma la tormenta.
Pregunté: ¿Dónde están Shakespeare y su gente?
Me contestaron: Morando en sus piedras,
en sus castillos, en las hojas de sus árboles, en sus mujeres,
y entre las líneas que leemos incluso fuera de sus muros.
Y añadieron: "Quien va a su cama,
no es dueño de sus paredes".

La pesada invitada –la lluvia– me alcanzó,
entonces, busqué refugio en los archivos de la biblioteca
municipal,
donde vi dos películas sobre El amor,
y La Guerra de las Galaxias.

Birmingham ahora duerme,
la sombra sola vigila la luz
y yo, manadas de nubes.

—Birmingham, 25 de mayo de 2015

DAMMUN - LA TIERRA PROMETIDA

Preguntaré por ti a las nubes,
      a la vidente
      y la niebla del amanecer.
Esa noche no podrá
borrar las penas de tus dedos sobre la almohada,
ni los sin alas,
se quedarán sin sueño, sin el aleteo de una ala y
               la ilusión de un espacio.
Preguntaré a todas las palomas
          y buscaré en los códigos del extrañamiento
          un rastro por encima del borde de la copa,
          tras el velo de los pecados.
¿Son estos pétalos algunas de las rosas que yacen
          en el ala de una mariposa?
¿Son estas alegrías un surtido
          de espejismos del horizonte?
Pediré por ti la sangre que ha fluido por los labios.
pediré por ti la reverencia porque amo sus curvas y el
temblor de las sombras
en el muro de la vida, extasiado con lo que eligen,
          los espejos del cuerpo.
Caminaré sobre el agua y hablaré de ti a sus olas, luego
hablaré
a sus peces de los piratas que nos han robado nuestras rosas
          y nos han impedido el camino a la salvación.
Caminaré sobre la cabeza de una lanza y una aguja,
pues ni Cerbero me detendrá si desciendo,
ni la tormenta de Enlil si asciendo,
porque llegar a ti

sin una meta es una misericordia, una búsqueda de la inmortalidad
y el perdón de los perdidos.
¿Es éste el que conectó el pulso al corazón y el jadeo suplicante
 a los pulmones?
            un Dios de besos
un escalofrío y una boca que colma el universo con su aliento.
        Si los labios se cierran
morirás en tu búsqueda de estar cerca
aunque sea de una oscuridad que cubre su topografía,
            tapando con ahínco su manantial.
Preguntaré por ti al Dios de las delicias, pero antes de trazar
la herida de un camino que me lleve a la boca del fin,
            le preguntaré por los pájaros y los secretos de su vuelo,
            por el laberinto de un alma suspendida desde el principio de la creación
entre el vacío y el hilo de la esperanza.

Notas:

* Cerbero: El guardián de las puertas del infierno (la puerta del Hades), en la mitología griega.

* Enlil: La mano suprema de Dios en la mitología sumeria.

—Birmingham, 4 de noviembre de 2014

Poemario

Si entras en nuestra casa, tus pies besarán el umbral

Dar Al-Rusum, prensa, difusión y distribución
Bagdad 2014

EL POETA - LA TINTA

Oh, poesía,
toma mi mano y llévame a la fuente
bendice la procesión de palabras con henna y juramento,
sé fiel, yo sólo anhelo navegar
tras la ola de las preguntas
en la trampa de un sueño
que el trueno talla y la edad falla.

¿Escribes con una pluma sedienta
o con una pluma tallada en las costillas?
¿Escribes a mano o a vela?
¿Escribes de día, corriendo entre sombras y migraciones,
o de noche, escapando del campo visual mientras engaña,
y persiguiendo migajas de pan y esperanza: el zapato?
¿Escribes con tristeza o con alegría?
¿Con consciencia o inconsciencia,
con la elocuencia que se ha llevado el viento,
o con la bala que penetra a través del hueso y la médula?

Respóndeme, oh poeta farol - elegante tinta,
milagros aflorando tras las nubes
palabras talladas en los troncos de los árboles,
y tú, imagen poética alada
fantasía que atiza el cielo
con la pluma de las estrellas.

—Varsovia, 28 de agosto de 2011

UNA FLOR ENTRE LAS GRIETAS
DE UNA PIEDRA

Mientras tú asciendes, yo desciendo,
subo cuando bajas
no hay diferencia.
Vi rostros mirando hacia arriba, jadeando,
y otros detrás de la niebla.
Unos cojeaban hacia el cielo
con los pechos desnudos y las costillas cinceladas,
los otros caían en las garras del vacío
como un disparo en delirio.

Oh negrura, recuerda el lenguaje de la luz
y tú, día,
contempla el poder de la oscuridad
entre el ocaso y la mirada de los ciegos.

Miras hacia adelante
pero tu flecha va hacia atrás,
te sientas de espaldas
resguardado por la tormenta
y el viento te habita.

Una escena en una colmena
rodeada por un abismo,
una flor en las grietas de una piedra.

—Varsovia, 9 de julio de 2011

DIÁLOGO SOBRE LA NIEVE Y LA LLUVIA

Salimos del Club de la Biblioteca
después de un recital de poesía.
Algunos mirábamos al cielo,
y otros estaban absortos en la despedida.
La nieve,
después de que cayera la lluvia,
quería decirle al agua: "Soy de ti,
pero ahora tu tiempo está congelado".
¿Escuchaste el murmullo de los poemas de Karaszek?
¿Escuchaste el sonido de las gotas
sobre los poros del cuerpo
por donde fluyen los copos sobre nuestras almas?
¿Te diste cuenta del significado de la armonía de las
estaciones?
Vuelve entonces al río, o a la fuente,
vuelve al séptimo cielo
y escucha el eco de las palabras aladas.

* Kszczysztof Karaszek- Poeta y crítico polaco tras una gran celebración en
el Club del Libro de Varsovia.

—Varsovia, 24 de febrero de 2012

AGUJEROS DE LA CIUDAD

Cruzamos la plaza del casco antiguo
como si pasáramos las páginas de una historia   escrita
por otros.
Cada página quema las yemas de los dedos
cada letra mordisquea a la siguiente.
El otoño no dejó ni un solo
polaco, judío, gitano,
y todos los que se perdieron sin dejar rastro.

Nos detuvimos de repente
si no fuera por las nubes oscuras
no nos hubiéramos refugiado en el muro.
Mi compañero me dijo:
"Mira esas grietas en el horizonte,
mi padre se refugiaba detrás de ellas.   Imagina que
estuvieras aquí
en el momento en que se disparó la primera bala.
Imagina que el museo literario
de enfrente
era un refugio para francotiradores enemigos.
Imagina que ya no eres un ser,
imagina que ahora eres un espíritu   que ha escapado del
campo de exterminio,
sobrevolando el lugar.
¿Quién puede verte, quién puede oírte?
Vuelve al desierto, hermano.

Me tapé la boca con el dedo índice
          y me fui.

—Varsovia, 22 de febrero de 2012

EL SÉPTIMO CIELO

Abro el ascensor y pulso el botón del séptimo piso.
Mi único vecino me pregunta:
¿Te gusta el séptimo cielo?
Le respondo: ¿Qué tiene que ver con el ascensor?
Me responde: el viaje termina en el sexto,
pero el último está reservado para el Señor del Universo.
Me reí, el ascensor se detuvo de repente a los dos minutos,
y el único vecino salió con una mirada misteriosa
y cerró la puerta tras de sí.
El ascensor se movió lentamente,
me miré en el espejo y noté una grieta en ambos lados.
Horrorizado
me acerqué la boca al cristal
y las dos orillas se unieron
que apenas podían cerrarse.
El ascensor se detuvo tras una sacudida,
frente a un espacio y una puerta con algo escrito:
"El viaje ha terminado".

Si quieres llegar al séptimo cielo,
sólo tienes que abrir la cerradura de la vida.

—Varsovia, 27 de febrero de 2012

LA MONTAÑA PUEDE CONTESTAR

La mirada da vueltas
y se estrecha el espacio
entre el aire y los pulmones,
inhalando y exhalando
ruptura y conexión.
Ahora los frutos caen al arroyo,
y al cabo de un rato el corazón se viste de luto,
el reloj comienza a cavar su curso
dejando sus huellas en el mango del tiempo
y nuestros nombres listos para quedarse o irse.
Una esposa a lomos de una tortuga
un niño cabalgando las olas todos los días
y cuando vuelve a la orilla, pisa el último huevo
esparciendo ostras en el espacio.

Oh, tortuga de mi edad,
oh luna llena de perlas
oh sombrío cielo,
contesten: ¿Por qué el mar está tan agitado y la espuma,
tan alta en las orillas?
Contesten, orillas:
¿Cuándo el aire envolverá el ala
y el agua ascenderá al cielo?
La montaña podrá contestar
a la confusión del valle,
cuando las nubes se hayan ido.

Vi una pregunta de la niebla subiendo por la colina.
La escena estaba nublada,
y la pregunta envuelta en secreto.

—Varsovia, 20 de enero de 2012

A LA LUZ DE LA LUNA

Solía leer a la luz de la luna
y a veces a la sombra de un farol que se balanceaba
luego empecé a leer las calles bajo los postes de electricidad,
hojeando mi vida en una ciudad que oculta su rostro
de día, sólo para revelar sus muslos tras la puesta del sol.

Después cuando entré en Bagdad, vi que se hundía en el
fango
y alguien arreglaba su casa con la cosecha de sus pícaros
vecinos.
Estaba bien vestida,
la belleza de sus mujeres era envidiable,
y las noches se llenaban de seducción.

Descifraba sus códigos desconocidos
en busca de la espiga.

Digan, oh fuegos, calles, estaciones,
y huesos ancianos,
por qué, después de tantos sacrificios:

*No he podido encontrar mi patria.

*Lo que el destino ha dejado atrás
no es lo que los ojos y la palma de la fortuna han leído.

*De todo lo que escribí en el pasado
ahora me arrepiento,

y todo lo que amé fue pisoteado por las herraduras
sobre los pechos de la ausencia.

*Nuestro exilio fue un ciclo dado por sentado,
ahora el aire, el agua, la gente
las palmeras, los recuerdos, las palabras y nosotros somos el
exilio.

*El exilio nos llama a renovar su circulación sanguínea
después de que el hocico del monstruo en la tierra del
engaño y la muerte
se haya cerrado en el cuello del alfabeto.

*Aprovechamos las nubes porque nuestros árboles
empezaron a crecer en el espacio.
Quizás ésta sea la única solución
para vencer a la memoria.

*Antes me miraba en el espejo de la primavera,
y hoy recojo los granos esparcidos del otoño.

Contesta, profecía, estrellas
y tú, bruja,
¿Lo que hemos visto
es todo lo que predijiste?

—6 de septiembre de 2011

EL TEXTO DE LA BOFETADA
–Previas secuencias para el futuro

La infancia de higos y rosas pasea por el álbum de los recuerdos,
evocando cuando me cortaba repetidamente con la generosa guadaña de la inocencia,
la infancia del agua y la carrera tras el olvido del pájaro. Incluso las mariposas
que alcancé y liberé, ahora revolotean sobre mi cabeza.
El maestro de educación religiosa que solía clavar su alfiler entre la carne
y la uña, y bebía vino a escondidas en la mezquita. Coquetear con las estrellas
contar las nubes y temerles a los ogros, son algunos de los momentos de mi vida.
Cruzaba el río como un perro en fuga. Los perros jugaban, los hombres ladraban.
El balido de una oveja en celo, el carnicero retorciéndose el bigote y su mujer llorando.
Así empieza el amor, rodeado por la muerte y la guadaña.
El olvido me pregunta: ¿Qué recuerdos tengo?

La primera bofetada: en nombre de la paternidad,
y el primer guano: de la paloma de la casa,
y el primer mordisco: del perro del vecino,
y la primera cornada: de un búfalo en el camino,
y la primera patada: de un burro con el que me peleé durante el coito,
y la primera piedra: de nuestro vecino que persiguió al burro en su caballo,

y el primer escalofrío: escapándome de noche de las raíces,
en la barca del exilio,
y el primer pueblo: el olvido en los confines de la memoria,
y el primer orgasmo: la primera eyaculación en un sueño,
y el primer regalo: la pluma estilográfica dorada de mi padre
que me robaron,
y la primera angustia: el barro de mi infancia y la represión
de aliada,
y la primera pelota: un trapo atado con mimbre,
y el primer conjuro: el ojo envidioso con un palo dentro,
y el eslogan envidioso: una nación árabe con un mensaje
eterno,
y la primera derrota: el analfabetismo de mis padres y la
pérdida de mi nacimiento,
y la primera muerte: la muerte de nuestro perro atacado
por un ladrón,
y el primer amor: correr detrás de un alabastro universitario,
y el primer desconcierto: escribir poesía,
y el primer beso: fuera del país,
y la vida: el pulmón de la muerte, y el primer despertar:
cuando oí
al principio de mi emigración: Hijo de puta/ cerdo árabe,
y la sonora bofetada: la suerte te traiciona y Dios te defrauda.

El olvido me pregunta, tú y el viento corren, hermano de
saltamontes,
arcilla y hierba, nuestra voz araña el aire, y si el viento
sopla, caen las hojas de la quietud. No nos dimos cuenta del
desierto.
Un reino perdido más allá de la muerte.

Los peces saltaban del acantilado y el pescador acechaba,
con el anzuelo en las manos, hendiendo en cada instante el
corazón del agua,
donde las astutas intenciones/ se vestían el ritual de
reverencia.
Una tabla colgaba de las raíces salientes/ las olas la mecían
hasta
dejar al descubierto las aletas amarillas/ el lado vidrioso de
la concha,
un estado posterior a la cosecha/ una escena que recuerda
al otoño.
El álbum se cierra al borde del olvido.

—Varsovia, 13 de julio de 2011

TINTA

Ajeno al tintero lastrado por la estantería
y alterado por el polvo a pesar del sonido de las palabras y
las visiones engañosas
giré la pluma del bolígrafo/
Puse a su alrededor un viejo poema
que creía un estribillo interminable.
El papel daba vueltas/
y el viento esparcía el rocío a su alrededor/
hasta que las letras se desvanecieron y se prescindieron los
puntos y las comas/
Me di cuenta de que lo que había escrito había desaparecido
y que una mancha blanca
se había convertido en puntos de tinta/ me quedé tan atónito
que me acerqué a sus bordes
mi pecho acarició sus plumas hasta gotear sangre,
sobre las letras perdidas/
La blancura se tiñó de púrpura,
y mi sangre tras ella cubrió el espacio,
pero en mi pluma
siguieron sumergiéndose los pasos
adorando el alba
y la luz de las palabras.

¿Algo que decir, tú que estás inmerso en la tinta del pecado?
¿Qué esperas de la negrura de nuestro único refugio
en nuestro cielo que se estrecha a cada instante/
tú, escritor ahogado en la arena de Arabia?
      Di, tú que siempre estás fascinado por la presencia.

¿Qué es esta leyenda negra:
Del alba blanca nacemos,
y en el mar de la negrura
resucitamos?

—Varsovia, 5 de abril de 2012

BURRO

El burro que escribe poesía en árabe al amanecer
y que los transeúntes leen el domingo festivo,
tiene las orejas de tinta infantil y los dientes
pegados con las nubes que cercaron su ayer.
Este burro, que aún practica la abominación del habla, se
pregunta
y rebuzna en secreto:
¿Es éste el camino de la profecía y el susurro de la poesía?,
¿Es esta inhalación tradicional una pira y la exhalación
contemporánea una fuente?
¿Las estrellas que brillan son un milagro y la llama el secreto
del fin?
¿Dónde está el fervor del trueno y el paso solemne?

El burro que escribe palabras con alas de cuervo y tinta de
visiones incumplidas,
cada segundo muere y resucita tras exhalar, sin horizonte de
salvación ni brújula.
El burro que escribe poesía en árabe es una herida que
pospone su espejismo
para revelar a su creador - la noche y su salvador del negro
sueño:
Oh mi guía, veo en ti a mis búhos y oscuros amaneceres.
En mi viaje, aún no he alcanzado el relámpago ni el secreto
del fin,
no he llegado al "Más allá", entonces ¿cómo alcanzarte?
Yo, el villano corrupto de la tierra, mi voz es truenos
y plumas de volcanes esparcidas por el camino de la
perdición.

El burro, que fue engañado por el ritual de la ausencia y el sacrificio,
muere de amor a una estrella que entró en su casa sin avisar
y vive en una nube que llenó su vida   con la apuesta del tiempo.
El burro que gruñe en árabe desde pequeño
busca hablar en poesía y prosa
para que las palabras lleguen al destino deseado:
Le enseñaron a llorar, lo que no era el legado de nuestros antepasados,
y a no ser el alimento de nuestros descendientes.
Le enseñaron, en la medida de lo posible, a no faltar al ayuno
a no blasfemar a la hora de la oración,
y a no morir sin visitar la tumba del Profeta.
Le dijeron que la gente del Libro era adúltera e indecente
la alegría de vivir,
que el encanto de las rosas no era más que el susurro del fuego,
y que las mujeres no eran más que un truco de las artimañas de Satanás
en una época infame que se parecía a un espejismo.

Le enseñaron que el fin llegaría pronto
y que los horrores el Día del Juicio Final serían inevitables.
No le mencionaron su cuota de alegría de vivir,
no le dijeron cuándo acabarían la opresión y el opresor,
no le dijeron cuándo el universo bailaría y el sueño hablaría,
no dijeron cuándo naces desnudo y mueres desnudo,
sin velo ni ataduras.
Entonces, ¿Quién vino y por qué este velo?
No hay libro sin palabras, ni discurso sin lengua.

No le dijeron que su colcha sería una ola,
que su sueño sería un mar y sus palabras un desperdicio.
Le mencionaron que era el tatuaje que llevaba en su costilla
y la tierra generosa, mas no mencionaron:
que le habían traído, por casualidad.
No le dijeron que el ángel fuera un amigo,
y que la fragancia del amor fuera un surtido
de dones inconmensurables.

Volvió a los tropiezos, al abandono
y al desenfreno que la fortuna quiso darle,
mientras la tormenta cabalgaba en sus orillas
y la mano del oleaje llevándose la espuma.

Cada día muere y vive a orillas del más allá.
Ni los espejos destrozados se recogieron
ni las direcciones de residencia se borraron del registro de
destinatarios,
ni sus nombres prestados del Istmo de la Luna,
ni las intenciones de reparar lo que los apéndices de las
nubes habían cavado,
y lo que los libros del sol y las estrellas andantes habían
escrito.

El burro que escribe en árabe sin elección,
trasciende su injusticia,
con escasa luz que lo bendice,
con un beso
de la boca del del abismo.

—Varsovia, 1 de agosto de 2011

POETA JUBILADO

En una mañana lluviosa como ésta
envié mis textos a un poeta-editor,
pero tardó mucho en publicarlos.
Dije: Quizá tenga el capricho de un guerrero que derramó
la sangre de su mujer y sus hijos
luego quemó sus árboles y sacó los ojos a sus padres.
Dije: está en su derecho, tiene familia y una posición
respetada y
está presente en cada festival o convite en que se coma la
sangre de los huérfanos.
Dije: Quizá la repetición de mi nombre irrita a algunos de
sus elogiadores y mecenas,
o está intentando que yo escriba una invitación o un artículo
sobre él,
o mi lugar ha sido reservado para un nuevo cliente.
Dije: Puede que su día sea soleado
y lluviosos mis poemas.

No sabía
que había fallecido
y que hacía tiempo que se había jubilado
al fondo del barril.

—Varsovia, 18 de agosto de 2011

208

BALCÓN

Puede ser ha-ha-ha
Puede ser ho-ho-ho
Pueden ser-ellos-ellos-ellos
Pueden ser-ellos-ellos-ellos
Pueden ser-ellas-ellas-ellas
Puede ser - la verdad y su contrario - lo inhalado y lo
exhalado- el exiliado y el exilio - lo desti-nado y no el destino.
Pero no puede ser -su yo- su alma - su espíritu - su cuerpo
- su sangre - su nombre robado antes de llamarse ese pico
- el cincel - la arcilla - los cimientos - el ladrillo - la carne - la
construcción de lo efímero y lo inmortal - la melodía perdida
- los ahogados en el agua y en la tierra seca - el fruto de
la tierra - el árbol seco - las palabras sin alfabeto - el árabe
sin puntuación -el símbolo eterno - la interpretación de lo
invisible con la imaginación del profeta - el beso hacia la *Qibla*
- postrarse y arrodillarse - glorificar el reino - el Dueño de lo
Poseído - revelar el velo - la aniquilación - la man-ifestación
- la estrella - el planeta asesinado, no el asesino - la quietud
y la resonancia- la relajación y la contemplación, no la pereza
- la gratitud, no la esclavitud - pin-tar, crear, dar forma y color,
no entintar - la imagen, no el marco - la esencia y el núcleo,
no la cáscara - la trascendencia, no la decadencia - el don, no
el dador - el desierto en el agua - el cielo en su misterio - el
habla en su singularidad - la ruptura en su fundamento -
la ausencia en su pres-tigio - el vacío de las fronteras - un
planeta en busca de quien lo descubra - un canto que nunca
aburre - una emanación permanente - una súplica para ser
escuchada - un susurro, no un grito - la tierra y el espacio - él

y ella - el cuaderno y la pluma - la visión y la deliberación.
Pero no puede haber zuecos y cielo. Me pregunto ¿dónde
está la emanación? ¿Por qué nacemos y morimos, qué es lo
único que puede ser?

Oh, oscuridad, glamour, luz, imaginación, energía, ausencia,
en su altar enciendan la vela de la fortuna para que sea a la
vez su alma, su cuerpo, su mismo ser que se asoma al balcón
del abismo.

—3 de agosto, de 2011

LOS OCHO DÍAS DE LA SEMANA

Día desconocido

el Santo ascendió a cumbres
cuya ubicación desconocemos.
No busquemos más una esperanza
que nos cure de nuestras impuras ilusiones,
que la estrella siga siendo un arado y la nube un campo,
y desde el ojo de la aguja nos vayamos .entrando en la
claridad de la noche.
Toma aire y sopla sobre la superficie lisa de la piedra,
entre las dos laderas
graba una promesa para encontrarte con el día desconocido.

Sábado-
Pregunta

Pregunté por mí durante mucho tiempo
mi sombra es lo único que se me parece
negra de día
transparente de noche
donde no me ven–
Me copio en la noche.

Domingo-
Postración

Las olas rugen.
Las olas nos ven sin vida

en medio de los alaridos de las gaviotas.
Las gaviotas comen de nuestras palmas
y la espuma de las rocas.
La espuma se desborda de nuestros labios
las caracolas silban
cantando el nombre del mar
postradas ante las tinieblas.

Lunes-
Viento y nube

Si eres un viento
soy una nube con plumas
si eres una mano
soy la señal entre los dedos.
No me quites el aire
y no hagas del espacio una borla
buscando un ala
en las laderas de la esperanza.

Martes-
Destino

Me di cuenta de que no había escapatoria para esta liebre
aturdida, corriendo por un claro bajo un cielo
cubierto de nubes y un par de alas batiendo el aire como si fueran
dos ángeles del destino -*Munkar y Nakir*.*

Cuanto más flexiona el águila su pico
más desconcertante se vuelve la escena.

Los saltos se ralentizan/ los latidos se aceleran/
una vida cuya esencia pone a prueba el destino/ un pulmón
perforado.

Yo casi creía que la liebre había sobrevivido
en algún agujero,
creía que iba a salvarle la vida
contra la barbarie del espacio.

El salto del águila fue inútil
llegó un poco tarde
tras perder la carrera con la serpiente.
un estornudo entre la tensión del arco y el lanzamiento de
la flecha.

**Miércoles-
Boca**

Llegué a un macizo con vistas a un profundo valle
abrazado por una montaña en forma de águila.
Detrás de mí había un bosque y un acantilado,
miré al cielo, que pronto se nubló.
Silbé y el eco me llegó como un viento cortado por un
meteorito,
me sorprendió ver las piedras rodando como las edades
y las cabras aferrándose a los acantilados.
Saqué mi rosario y conté mis pecados
clamé hasta que se me cayó la voz
en la boca del abismo.

Jueves-
Testigo

Este sudario se lee al revés.
Un saco de harina manchado de sangre
cuya forma se ha empañado sin dejar ningún rastro,
sólo una tela vacía me grita:
Mi testigo sepulcral está al revés, por Dios.
Oí un golpe sobre el cráneo
lo toqué, y el polvo se esparció de mis huesos.

Viernes-
La Plaza Tahrir

Sueños, orejas, labios, nariz y boca, voces,
otras cosas notables
y sangre manchando la libertad,
desde las palabras de barro hasta la muerte ya cercana de
los dos ríos.
Abre esta prisión que se extiende de un lado a otro:
Toro + Caballo + Verdugo, leyendo *La Sura de José*/
¡Tan profundo es este pozo/
en él me refugiaré del diablo/
¿Has dicho: ¿Basta de muerte?
Un carcelero levanta nuestros barrotes,
un hombre libre se alimenta de la carne de su hermano
desconcertado
entre el opresor de ayer y el oprimido de hoy.
Dime, oh piadoso atardecer: ¿Has rezado por mi amanecer?
¿Has encerrado mi juventud y saqueado mi ataúd?
Pues miraré a través de la abertura de la puerta de Dios,
y recitaré *La Fatiha** de la desobediencia.

Notas:

* "Munkar y Nakir": En la religión musulmana, son los dos ángeles encargados del juicio en la tumba: se le pregunta al muerto y se le juzga en función de sus respuestas, si es apto para el paraíso o el infierno.

* "La Fatiha", o la Sura de La Apertura, es la primera *Sura* (capítulo) en el Corán que le fue reve-lada al Profeta Mahoma, (que la misericordia y las bendiciones de Allah sean con él), y que según él, "No hay oración válida sin el capítulo de Apertura del Libro". (Sahih Al Bujari, Sahih Muslim). Esta Dura profundiza la comprensión del monoteísmo (Tawheed) y fortalece la fe en el poder y la autoridad de Allah.

—Varsovia, 1-2 de octubre de 2011

POEMA DE LAS ESTACIONES INACABADAS

Estaba ocupado desplazando el pasado y enterrando sus ecos,
sosteniendo una familia de palabras inciertas e imposibles.

Dibujé una casa nueva, rodeada y llena de libros
tenía una cerca, un tejado, una puerta y una cerradura.
De repente, se me apretó el pecho,
salí y me encontré ocupado
desplazando el pasado y borrando su eco.

Así empieza y acaba un día
desgarrado entre el pasado y el futuro.

—Aeropuerto de Estambul, 28 de diciembre de 2012

LEJANÍAS

1. Detrás de las lomas

El agua fluye
el desierto es arena
los árboles tienen ramas
las montañas sus picos
y los valles su profundidad.

2. Trinidad

A
La muerte mora en la oscuridad
la oscuridad se reserva el horizonte de la luz,
un hombre corre
entre un cielo nublado y un arco iris.

F
Estaba alegre, tocando la flauta de la infancia,
cuando de repente el tambor de la vejez dejó de cantar
¡Vaya remiendo de cobija!

H
Todo lo que tengo
que hacer es esparcir mis sueños como estrellas
para que el cielo los coseche a su antojo,
todas las galaxias llaman ahora a mi puerta.

3. Densidad

La charla es un aullido,
la sabiduría es una llamada desde las profundidades.
y el silencio es una señal.

4. Desprecio y discordia

Lo que mantiene
vivo el recuerdo
es la náusea que sentimos a cada instante,
pensando que el pasado es más misericordioso,
olvidando la indecencia de nuestros actos
y que lo que está por venir es aún más horrible.
¡Qué dulces son, entonces, estos momentos viles y fugaces!

—Argelia, principios de enero de 1988

MIS SIETE ESPOSAS

Mi esposa me abandonó hace cientos de años,
su cabello era negro y sus pechos colmaban manos
su voz patinaba sobre el hielo del habla
confundida entre un montón de sueños y una vida en ruinas.
Mi esposa es el viento en el agujero del ozono de mi garganta,
la recordé ayer
y con ella me casé.

Mi segunda esposa
cada amanecer recitaba La Fatiha sobre mi cadáver,
en busca de los ángeles que habían partido como nubes
y a los justos cuyas huellas permanecieron en el polvo
y en santuarios llenos de velas y preguntas rituales.
la Revelación habitó sus cuerpos y durante un tiempo
brillaron
para luego desvanecerse más allá del horizonte.
La luz de sus almas es incomparable
salvo que son parte de la ilusión en el reino de la ausencia.
Mi esposa es miel en la boca de la abeja.

El tiempo vuelve al ayer rendido,
y me hice carne en los colmillos del tiempo.

De pronto el crepúsculo empezó
a convertirse en la luz del sol,
y la infancia
en charcos de sangre.

Mi tercera esposa
es de la época del fuego
lleva una tienda con una reja de hierro a la espalda
y enaguas diseñadas por escuelas de vanguardia.
Cada color tiene una historia más allá de la mente,
y más allá de los reinos de la imaginación.
(Scheherazade se ha ido y terminado)
ella nunca fue
más que un jadeo de la noche.
Mi mujer es una niña confundida
y yo una muñeca de papel.

Mi cuarta esposa
fue bendecida por el cielo, y una estrella se posó en su pecho.
Fue custodiada por alas y soles
y de su palma bebían los dioses.
Yo tenía treinta y un años más que ella,
y la pereza de la edad la había consumido.
De día, ni una brasa,
de noche, irradiando oscuridad.

Mi quinta esposa
no tiene presencia
aparte de su respiración entrecortada.
Podría ser Rababa, Hinda, Laila,
Fátima, o Doha.
Es un puro placer,
desilusionada por los años como el mar a sus marineros.
Nos encontramos a toda prisa como una nube de primavera.

Mi sexta esposa

está hecha de telarañas.
Me llama cada segundo con su canto,
y cuando se enoja, temo que se divorcie de mí.
Me enseñó a seguir sus huellas
y a mi caballo, a recorrer largo camino.
Una ratona
sin espada, rumor o eco,
y yo, el beduino celoso de ella
por el hacker extranjero.

Mi séptima esposa
es un cuadro silencioso.
No chismea, ni se queja,
no es celosa, ni abusiva.
Se sentaba a esperarme mañana y tarde
con el jazmín adornando su frente.
Su amor era puro, y su pecho tierno
trascendiendo cualquier misericordia engañosa.
Durante años, me olvidé de las mujeres anteriores.
Mi esposa
es una muñeca encantadora.

No fui justo, entonces me suicidé.
Ahora no sé
si entrar al infierno
o subir la escalera de los mártires.

—Varsovia, 27 de enero de 2012

¿ES DEMASIADO TARDE?

Volvimos a nuestras familias con sueños,
pero cuando llegamos, vimos delante de las casas
signos de queja y hermanos descontentos.
Preguntamos, pero "nadie" saludó, ni gritó
vítores a esta multitud de repatriados.
Vimos soldados, muertos, cicatrices y moretones   que nos impedían
quejarnos de lo que le pasó ayer y hoy a Alí:
¿Acaso nos oprimen tus predicadores, estos y aquellos D, S y H,
y somos tus hijos y gente de conciencia que se avergüenza de gemir.

y de quitarse la cara para ser aceptados por los opresores?
¡Los juristas embusteros del Sultán!

Nos fuimos a nuestro exilio con disgusto.
¿Acaso las lágrimas de nuestros ojos, las montañas taladas y los desiertos,
no son más que un brillo para que los que gobiernan Irak, rían de día
y lloren de noche en compañía de sus emperadores embusteros?

Volvimos, y cuando llegamos,
¡Nuestros seres queridos que fueron compañeros de celda y amantes antes del exilio,
eran los asesinos!

¿Por qué volvemos entonces?
¿Volvemos a morir?
¿Volvemos a cerrar el círculo
entre nuestra migración
y el cadáver de Mesopotamia que ahora sangra?

¿Por qué nos arrepentimos de haber vuelto a nuestras
familias?
Respóndeme,

oh paloma de mi alma,
oh espadas
clavadas en el pecho de Hussein.

Notas:

* Después de treinta y cinco años de desarraigo y de lucha contra la dictadura, sus descendientes nos piden que pongamos a prueba el daño político para que volvamos a nuestro servicio anterior.

—Varsovia, 12 de agosto de 2011

Poemario

Encuentro al filo de una navaja

Dar Al-Ghaoun, Beirut 2012

AUSENCIA

La ausencia que se extendía más que su sombra
aún nos mira con los ojos entrecerrados.
No habría llegado tan lejos
si el camino de la presencia no hubiera tenido tropiezos
ni moratones en las cejas.

La ausencia sin fragancia,
ni rocío ni brasas,
te asalta y te cautiva.

¿Soy yo quien esperaba rosas en primavera
y eco en valles y montañas,
quien cerró la brecha
entre la hierba y la piedra,
entre lo que se ve y lo que no se ve?

¿Soy yo quien tejió sus hilos con mucho brío,
quien, con los gritos de los afligidos y las llamas del fuego,
la bordó?
¿Con el espejo del engaño la enmarcó,
y con la mano que ondeaba
en el aire
la codificó,
y la bendijo con henna
y con sangre la tiñó?
¿Soy yo...?

En mi ausencia

escribí en mi frente,
no me busques,
una melodía que el tiempo cantó
a mis enemigos sin vida,
y pecadores humanos.

Tarareaba una melodía al borde de los tambores
por caminos que recorrí en solitario,
y otros postergados tras los muros del día,
leyendo su taza inclinada
con los ojos nublados y la mano temblorosa
en un espacio sombreado de engañosa castidad.

Junto a mi amada, veo
una luz que se ha desvanecido tras las colinas.
De pronto, se quedó callada,
su garganta sangrando,
y brillando en las páginas de la oscuridad.

Ausencia = ausencia
¡Cuánta luz y cuánta oscuridad!

La ausencia que se extiende en la memoria
sólo puede descifrarse
por esta pérdida
en las escaleras del abismo.

—Varsovia, 5 de septiembre de 2008

SELLO Y LACRE

I. Al revés

La imagen está al revés,
gira el cáliz rojo
para no derramar sangre.

—Jablonka, 14 de mayo de 2009

II. Ramas

Mi mano sudorosa mirando,
con ojos de viento feroz,
sus ramas caídas.

—Jablonka, 14 de mayo de 2009

III. Río

¿Oh río, oyes
el grito de cada gota
donde una piedra arrojada al agua
parte las orillas del corazón.

—Jablonka, 16 de mayo de 2009

IV. Viento

Eso digo yo: Cuidado, oh viento,
con derribar mi casa,
no me queda más remedio
que ser tormenta.

—Jablonka, 17 de mayo de 2009

V. Sello y lacre

El bosque y el hacha me llaman,
y las voces de sus niños me cautivan.
Deslumbrado, entro en un prado mágico.

Los árboles me detienen,
los cerdos me ignoran,
un zorro me mira de lejos
y una rana salta aterrorizada.
Me preguntan la escena,
la nube y el pájaro:
¿Tiene el poeta espacios y fuentes
mientras esculpe las palabras?
Tú = yo = demasiado ocupado en el desierto
donde los dioses ciegos, y las ciudades están dispersos en la
escalera de la memoria,
los colores y variedades de flores rodeados de arena,
y los frascos de perfume derramados en las nalgas de la no-
che,
en busca de las ninfas de los sueños.

¿Recuerdas haber visto las "Ciudades encantadas"
en el cuadro de Schulz,
o los "Peregrinos" de sus mujeres?
tú
eres hijo del pasado,
dos ríos centelleantes en los ojos de un exiliado.

Picos estériles, valles nublados
y campos sin vegetación,
tumbas que se reproducen como setas,
desnudas hasta los colores
en su cortejo nupcial.

El poeta tiene una goma de borrar
que tuerce el cuello de la nube,
y seduce a la historia.
Escribe en la arena y sopla en el viento.
¿Tiene el poeta duendes que lo guarden,
y sangre en el nicho?
¿Tiene el poeta una campana para tocar en momentos de
angustia,
¿Tiene dioses fuera del reino de las palabras?

El viaje es mi espejo,
pero la imagen es más amplia que la engañosa vista
cuando me ves inclinado sobre el cántaro derramado,
en el laboratorio de toda una vida entregada al reino de lo
invisible.

Mi corazón es un sello
y el lacre es la vida.

¿Dónde está lo que viene de este presente?
¿Y el beso de este hacha?

Nota:

* Bruno Schulz (1892-1942), fue narrador y pintor polaco. He aquí una referencia al título y con-tenido de sus cuadros.

—Varsovia, 1 de mayo de 2009

LO QUE VALE LA PENA RECORDAR

Como si estuviera a punto de producirse un terremoto,
recogimos deprisa lo que pudimos llevar
y dejamos el resto al azar y al polvo.

Los recuerdos jadean,
aferrándose a sofás y sillas
algunos metidos entre títulos y líneas
negándose a pensar siquiera en lo que se avecina
¿Es esto lo único que vale la pena recordar?

Apagamos las luces y cerramos las ventanas.
Colocamos el pestillo,
giramos la llave, luego dibujamos una palma y una flecha y
un ojo
en la puerta de la ausencia.

Mi esposa o novia
llevaba sus constelaciones
en su negro bolso.
Mi hijo, tal vez el hijo de mi amigo,
apuntaba sonriente con su juguete
a la luz que entraba
por la única claraboya,
y luego soltó una sonora carcajada
dirigiéndose a su padre –a mí– o él:

Por fin subiré a un avión
atravesaré las nubes

y encenderé llamas de inocencia.
Recogeré la nieve de las alas,
y en el resentido calor la esparciré
ante el reino de la arena.
Devolveré las alas para que pueda seguir al águila en su
vuelo
y ver el cielo desde el lomo del arco iris.

Vaga, hijo mío,
tanto como desees partir.
Hay una vibración entre el alma y el cuerpo,
un abismo entre la tierra y el cielo,
y unos dientes chasqueando en un festín.

Sólo el sonido de las ruedas aguijando el corazón,
los caballos relinchan con las crines en lo alto,
y en los valles resuena un vago rumor.

Luego los carros chirrían y los aviones
agitan sus alas como si hubieran sido fabricados
en la era de las catapultas y emigraciones masivas.
Las maletas empiezan a combarse de tanta inspección,
entre cierres y aperturas electrónicos apuntando a los
extranjeros.

El cielo parece sombrío
y las distancias se enredan temblando,
como la red de un viejo pescador.

Somos las patadas de los peces en las redes,
una ciega danza en los bordes de los balcones.

Nadie recuerda el final,
¿alguien conoce el principio?
El presente es la escoba de la memoria.
Lo que ha desparecido o se ha desvanecido
puede ser lo único
que vale la pena recordar.

—Varsovia, 5 de julio de 2009

PREGÚNTALE AL ALABASTRO DE FIGEAC
—A Abdel Fattah Makoudi

Ni las estrellas ni las nubes que pasan
ni las extrañas estatuas en las esquinas de los edificios
que observan a los transeúntes con ojos hundidos
en fechas que desconocemos,
ni la lágrima de la Virgen María
a medio camino
de la cruz.

Ni la noche ni el día
pueden olvidar
la tristeza de los toros en su fiesta de despedida final
en "la Plaza de la Razón", frente a la iglesia,
ni el pecho colgando de la boca del infante.

Quizá un día pasaste de largo y no sabemos qué hiciste aquí,
donde las fechas aún penden sobre las cabezas
como la espada de Damocles.
¿Fuiste un pecador o un libertador, oh "Tariq",
atrapado en la cuerda norte-sur
entre la tierra y el cielo?

¿Has visto el Museo de la Escritura,
hablando en los gabinetes de la civilización de cristal y
hierro?
¿Has logrado justificar nuestro exilio–
mil exilios y una noche,
una gota atascada
en la copa de la partida?

Pregúntale al alabastro de Figeac:
¿Quién se ha metido con las rosas?
¿Quién ha traído aquí al mago mayor
–Bretón a la guarida de los dioses–
que no sea la magia de La Poupée,
y el bramido del viento en la montaña?

Cuentos de tejados y callejones sinuosos,
la cerradura -única guardiana de la huella,
/como el recuerdo del palito en el frasco de *Khol*/
que se aferra al asa del tiempo,
envolviendo el recuerdo
como un beso de despedida
en una noche de tormenta.

Me propuse la tarea de comprender lo que era aquel lugar:
El misterio del alabastro y la oscuridad,
Dominique y su bosque,
el espectáculo de las estrellas y la lluvia,
Henri y Michelle,
la soledad de la naturaleza,
y el glamour de la rica camarera
en su bar heredado de su padre
con su sonrisa oculta.
Los hitos cifrados
en los caminos de la vida
donde los labios callan
y los ojos hablan.

La escena pinta cierta quietud
desde el final hasta el principio de la historia,

desde el cielo abierto en los ojos de una mujer
hasta la última rosa en el libro de la noche.

Irrumpo
en el cuerpo de la ciudad
hasta el susurro desconcertado,
y el sueño ciego del gemido de mujer.

Apuesto
por alterar el pasado e ingeniar el futuro
con una mirada furtiva o un beso cautivador.

Pregúntale al alabastro en Figeac
oh, viajero desconocido,
por los himnos de las distancias que has recorrido,
y las sonrisas del rocío que se ciernen
sobre los flequillos del día.

Nota:

* En la ciudad meridional francesa de Figeac, adornada con dulzura y pedernal, hay una calle llamada *Rue Boutaric*, bordeada por un singular Museo de la Escritura, recientemente inaugurado.

—Jablonka, 13 de diciembre de 2008

UN ENCUENTRO FUGAZ
CON UN SOLDADO QUE REGRESA
DE LA GUERRA DE IRAK

Uno a uno, pasan llevando el legado de muerte del hombre,
los carros del amor regalado al hacha.

Boom – Boom –
Boom – Boom – Bobom –
El malvado rey murió y el ruiseñor y el mago vinieron a
juzgar al pueblo,
diciendo: "Bienvenidos sean los dioses sabios que vienen
sobre las olas,
y al pueblo de la compasión por el animal hasta la última
gota de amor en el desierto".

Boom – Boom –
Las cortinas de la mente desconcertada cayeron en el
símbolo amarillo,
y el alba se jactó de las plumas esparcidas del cielo nocturno.

Sueño – pasto / Dum – Dum – Dum –
¡Tan ancho es el desierto del odio y tan estrechos los muros
de la tumba!
Ya no existen,
excepto el brillo en los ojos de un lobo
que guarda las puertas de las esperanza.

—¿Me reconoces en esta nieve?
Toda mi vida me ha seguido la sombra del bosque

y la estatua de nieve
ha esparcido mis sueños en cándidos copos.
¡Qué travieso fui, sin distinguir esto de aquello
hasta que el árbol indefenso se convirtió en mi enemigo,
la arena en mi imán y la mente en un zapato arrojado al
desierto.

¿Cómo la lluvia torrencial puede arrancarnos los ojos sin
piedad?
¿Cómo un pájaro puede odiar un campo,
mientras las flores sueñan con el perfume del Creador?

–¿Sabes que Dios es mi amigo?
*¿Cuál de ellos - cuál Dios?

–Cómo revoloteaba sobre mí,
entre un ángel invencible y yo,
el Señor de las siete puertas y de Babilonia.
Aleluya por el sembrador en el campo
que emana de mis ramas.
Si Dios no fuera mi amigo,
no me estarías viendo ahora, con el corazón asombrado,
mientras el pasado con recelo me mira.
¡Oh, qué ojos sangrientos tiene!
Casi me aplasta como un dedo en un calcetín.

No hurgues en la memoria de las rosas,
por el amor de Dios.
La muerte libre
es mucho más cruel que ésta que se esconde tras una
máscara,

y ésta es más violenta que la que nos favorece
con su guadaña ensangrentada.
El tambor está frente a mí, y la flauta tiembla suavemente
entre los labios.

*¿Hay dos dioses:
el Señor del desierto
y el Señor del vergel?

Brindemos por el segundo advenimiento
de la niebla con su voz ronca,
la estrella atenuada por la penumbra
Boom, Boom
¡Brindemos
por la salud de la humana humanidad!

—Jablonka, 30 de junio de 2009

MI DOBLE Y YO

Las ilusiones del pasado = el presente insignificante
amamantado por lo pasajero del pecho del pensamiento de
piedra,
y toda semejanza pervertida por sí misma.

El pasado no se parece a mí ahora,
pero el día siguiente sí.

Este individuo implicado en su chiismo rechazado por su
sunismo tardío,
en la nieve, el padre de las cruces sumergido en el río de las
palabras
se parece a mí en la búsqueda de la sabiduría y de la luz,
conociendo sólo el pensamiento como refugio y la luz como
colcha.
Este dotado para lo desconocido,
sólo conoce los dos ríos como Imán
y la palmera como Señor.

Este consagrado a su altar vivo
me sigue con la máscara eternamente cautiva de la mañana,
para revelar aquel mundo invisible.
Se parece a mí en la noche,
me patea en secreto y en público
este consagrado al sudario.

¿Cuántos Versos del Trono merecen el perdón y el elogio
para que sean una esperanza y no un hacha en el corazón
del árbol?

¿Acaso el fuego encendido y el canto del relámpago en lo alto de la Palabra
borran los pecados de su rebelión?
¿Acaso el monoteísmo impide que esta pera sea exprimida como un limón
en la palma invisible
del fuego eterno de la duda?

¿Está cubierto el sepulcro del exilio por el rostro blasfemo de Azrael,
un esclavo como yo,
pero no sé quién se llevará su alma
cuando todos se hayan ido?
¿Está el trato entre Dios y él libre de esta condición?

Como un sonámbulo en el balcón de una casa abandonada,
despierto, pero no tan despierto,
vivo, pero no tanto, en la oscuridad, tirando del hilo de la vida
sin más garante que un sueño ciego,
oculto tras el velo de la noche - la víspera del exilio -,
en el momento en que el pasado sea tamizado por la sangre del presente,
este presente será en nombre del futuro.

No se dio cuenta de lo que escondía el hilo blanco enroscado en el cuello,
visible a los ojos de los vivos: el muerto crucificado en el umbral de lo invisible,
del sangrado corazón colgaba el hilo rojo.

Oh, descendientes del amor perdido,
hijos de la muerte libre
apóstoles de la agonía del calvario
padrinos del sadismo
Oh, Muftí del amor divino degollando al amado.

Oh, exilio del Señor y el nuestro:
Él va hacia arriba, pero nosotros vamos hacia abajo.
Toma mi correo electrónico, escríbeme antes de la fecha
–por favor.
Oh, Señor, me reuniré contigo sin culpa en *El Día del Juicio
Final*, y te preguntaré:
¿Esto tiene algún sentido?

No se parece a mí ni el desierto
no se parece a mí ni a las olas
no se parece a mí ni a este tumor
no se parece a mí ni siente como yo este odio
no se parece a mí ni siente como yo este amor
no se parece a mí este vivo - muerto
Este invisible no se parece a mí.

—Varsovia, 7 de enero de 2010

UN JOROBADO TROPEZANDO EN LA SOMBRA, RELAMIENDO EL OCASO

—-al espíritu de la Iglesia de la Salvación

¿Qué Santo Grial, qué legado nos traba
a hachazos la puerta del presente,
borrando pasos de ensueño, e hiriendo el eco de la
esperanza?

Los espejos que cayeron de repente se perdieron la cuestión
humana,
¿Qué aspectos tendrían los ojos y la lengua amortiguada por
el amor, después de que las letras chocaran entre sí en la
página de la visión malévola?

Una piedra tras nuestros barrotes construye un balcón
        sobre las copas de los árboles.
el sueño del templo profanado sin piedad
        fue barrido por las tormentas en su cuna.
el sueño de la Magdalena en su pureza
        en cuyo altar los pecadores apagaron las velas.
el fantasma de lo invisible y del más allá
        pende sobre nuestros ojos y nuestras pestañas.
No hay salvación después de un día tan pesado como el que
nos tocó vivir.

¡Qué despiadados se ven los rostros y los jardines sin rosa,
cada vez que tiembla un labio, un beso resulta herido!
Ni el espacio se presta, ni el impacto del eco en la quietud,
ni el miedo a una puñalada traicionera.

Los espejos se hacen añicos ante los ojos,
su dispersión se convierte en una mera visión de la vida hundiéndose en el fango.
No hay salvación después de un día tan pesado como el que nos tocó vivir.
Cuando una sonrisa desaparece de la tierra y la tormenta borra el camino recto y lo que pueda quedar de las flores en nuestro desierto,
tomamos prestada en público la túnica del luto,
para enfrentarnos a una muerte que ya hemos esbozado en detalle,
con hachas y oraciones astutas.
¿Es Bagdad tan infernal como Nueva York bañada en su propia muerte?
¿Tiene una historia cuyas penas se han tejido deshaciéndose en la Torre de Babel?
¿Y el vino derramado sobre su pecho?
¿Tiene Bagdad el sabor del vino derramado sobre su herida?

Las aguas se hundirán profundamente y las águilas volarán alto.
Imágenes de vida dispersas por su álbum.
Una escena que ya no se ve entre equívocas intenciones.
Un perpetuo viajar en los espejos que engañaron su vida,
hundiendo todos sus colmillos en las visiones, entre dos fauces,
a espaldas de las tumbas de quienes teme.
El labio de una sonrisa amable
antes de desvanecerse en camino a la segunda orilla.
Sin el don del amor, no podemos sobrevivir
después de un día tan pesado como el que nos tocó vivir.

Todos somos jorobados tropezando en la sombra, relamiendo el ocaso.

Nota:

* Poema inspirado en la Iglesia de la Liberación de Bagdad, atacada por los bárbaros, el 31 de octubre de 2010.

—Varsovia, 2-7 de noviembre de 2010

ÉSTE NO ES MI DIOS

El Dios
cuyas
garras
buscaban,
está inmerso
en los detalles de una batalla perdida.

El Dios
que
he estado buscando
desde tiempos inmemoriales
está presente
en la inmensidad del espacio
y, más allá,
su sol nunca se pone
y su oscuridad reluce.

El Dios
que
buscaban
no es el mío.

—Varsovia, 7 de diciembre de 2008

PREGUNTAS SOBRE LA LLUVIA

Hace días y semanas que llueve,
un verano regalado para mirar por la ventana
los canalones que crujen y las ramas que se doblan,
y contemplar las gotas que se precipitan.
El viento corre desplazando formaciones renovadas
sobre cristales y papeles colgados.
Allí se desprenden sobre las piedras del camino,
corren y la sedienta mirada las sigue.
Luego todo se desvanece
y se hunde en el barro.

Una visión puede correr
como una lágrima, un beso en los labios.

La rosa en la maceta
mira abstraída entre las espinas
y la escena del agua.

¿Por qué la oscuridad acompaña a la lluvia?
¿De dónde viene esta extraña quietud,
a pesar del estruendo de truenos y relámpagos?
Y estas arrugas en el rostro del día,
¿Son hoyuelos o los contornos de una nueva sombra?

¿Ascenderá a Dios el espíritu de la lluvia
después de que termine?
¡Preguntas que no entiendo!

—Jablonka, 8 de julio de 2009

ISLAS ENCALLADAS

Sentado,
tras un muro bajo el que pasan los días.
En las cuencas de los ojos
crecen los arbustos, las hormigas se afanan
en tejer sus laberintos
y los picos desde sus nidos piden auxilio,
pero el cielo sigue tejiendo un cuento de ausencia,
herida abierta de la naturaleza,
tocada por el viento y reconfortada por el sendero.

Mi mujer entró de repente, gruñendo:
las moscas se han adelantado,
y es un buen momento para podar el jardín.
Y siguió… y siguió….
y, yo, sacudiendo la cabeza, inmerso
donde la imaginación lamía las nubes.

Vi algunas ramas marchitas,
musgos devorando el paisaje día tras día
y la primavera que se acercaba…

No te duermas - dice mi mujer
lo que ves es una escena repetida
en un tiempo que se hunde y una vida que se disuelve.

Era domingo
por la mañana,
y las nubes en el cielo
eran islas encalladas.

—Jablonka, 8 de mayo de 2011

ENTRANDO EN CASA

Todos entran,
incluso el vagabundo desprevenido,
con su brasa en la mano
y el ceño fruncido en el picaporte de la puerta de la sospecha.

A veces el instinto vence a la naturaleza,
y uno quiere entrar en su casa
aunque sea una cueva
de presas y lobos,
donde las águilas revolotean
y el tiempo suena como un reloj antiguo.

Lo que hace infeliz al exiliado
es que no puede discernir el hogar del pasto
o el hogar de los supermercados,
donde las cámaras y los vendedores te observan como una
presa.
Por encima de los gatillos, los dedos y los ojos
son cuevas colgando del abismo.

A veces, se entra por el otro lado
para evitar sospechas y la venganza de la cerradura.
Entras como un ladrón, como un viejo granjero
que observa su campo desde una ventana destartalada.

Algunos, al no llegar, no entran
porque se pierden en el laberinto de la búsqueda de la vida.

—Jablonka, 29 de febrero de 2008

ANZUELOS

Cada día casi puedo ver a lo lejos
sobre un viejo puente,
a hombres con sus anzuelos brillando en el aire,
y cayendo sobre el rostro del agua como aspas.
Algunos llevan mucho tiempo esperando,
como si estuvieran lanzando sus cañas
desde hace eones.

Un día fui a la playa
en busca del caudal de algún arroyo que había dejado atrás.
No tenía en la mano ni caña, ni hacha, ni bastón de carretera.
Vi correr el agua clara
hasta que vi mi cara reflejada
con una cicatriz y una nariz, de pronto empujada por la ola
y arrojada entre las rocas
sólo para hundirse y luego retroceder.
Vi peces que se abalanzaban entre los líquenes,
rasgando canteras y costados
como si se tratara de un barco naufragado,
recién abandonado por piratas.

— 29 de febrero de 2009

RIZOS DE ROSA ANTES DE FLORECER

Las distancias pueden ser recorridas a pie o a vuelo de
pájaro,
o con una hoz dentada que descansa sobre el hombro
derecho
del ángel vestido de negro.

La primavera se acerca, no te burles
del rizo de la rosa antes de florecer,
ni de los pasos del anciano con un bastón otoñal.

Imagíname sosteniendo caramelo y eucalipto
junto con una corona y un traje negro,
tendiendo la mano a éste y aquél antes de marcharme,
y clavando sin saberlo, un alfiler de ultratumba
en el corazón de la presa.

Imagina la distancia que solía ser el faro de las visiones
en el trance de la noche y el parpadeo de la niebla,
se ha convertido en leña
en el hogar forastero.

Las mudas piedras pueden permanecer en silencio
hasta la última gota de agua,
tras la cual desaparece la distancia
entre ellas y sus opuestos.
El silencio entonces se convierte en lo más poderoso
con lo que incluso el tambor puede tropezar.

Quería recorrer la pequeña y la gran distancia
por el mismo sendero,
pero la vista me dejó sin aliento.
Cuando quise escribir lo único que había logrado en mi vida:
Miré hacia arriba y vi gota tras gota de mi sangre
cayendo detrás de mí sobre la arena
y el viento borrando el rastro.

—Varsovia, 29 de febrero de 2008

CUMPLEAÑOS DE UNA CORTESANA

En la oscuridad del día, su voz era
un talismán y sus ojos un rayo en la oscuridad del pecado,
y cada dedo una referencia a su historia, desde la plantación
de almendros
hasta los cojines de seda y el manantial de la fantasía y su
silencio que escucha y es escuchado.
Si no fuera por su dignidad y el canto de la vid en sus labios,
desaparecería el legado de la vida y vacilaría el paso de la
amistad
y diría lo que cada saltamontes diría: Soy la paloma peleona
en la morada de los ciervos y en el canto de los ruiseñores.
¡Hay una diferencia entre un ceceo y un arrebato!

Era sonora la noche y la tenue luz envolvía cada ventana
que las cortinas del diurno pudor convertían en una página
encriptada.

¡Cuántos leones han sido domados!
¡Cuántas espadas se han desvainado y envainado!
¡Cuántos sombreros se han alzado!
¡Cuántas guerras se han sofocado!
¡Cuántas copas rotas sobre labios pusilánimes!
¡Cuántos pensamientos oscuros han sido iluminados por el
resplandor de la sorpresa!

Uno al lado del otro, la proximidad de la óptima pureza
riega nuestro sueño - devorada y vilipendiada,
valiente en su desnudez, casta en su profanación.

Sus sueños son puros y su noche no mengua.

Ayer cumplía noventa años,
sobre su pecho estaba el ancla de un barco que acababa de
atracar,
y tras ella había olas y marineros muertos.
En tregua los relámpagos y los truenos, y en retiro la espuma.

En su diario, había una escritura clara y enigmática
de dirigentes, emigrantes, trabajadores, comerciantes, y
estudiantes.
Vencedores y vencidos en sus guerras.
Una escritura cuyo rastro desaparece.

Bostezaba con eco su cama,
su silla temblaba tanto como su edad,
sus noventa velas se apagaron con mil jadeos y suspiros.

Solitaria, se regodeaba en su vida calada.

—Varsovia, 9 de mayo de 2010

SANGRE ENAMORADA

De camino al manantial
no había nada frente a mí
salvo el sueño de los soñadores,
la tinaja del místico junto a su almohada,
y sus fuentes en lo más alto.

De camino al manantial más cercano, me quedé muy lejos.
Frente a mí, vi montañas, llanuras, mar, arena y bosques de
abedules.
Frente a mí, un cielo
presionando sus labios contra el suelo
y un libro mirándome fijo
desplegando la historia desde el primer amor
hasta la sangre más remota de los amantes.

—Jablonka, 29 de junio de 2009

LA MANO

1. Memoria de la mano

Escarbé largo tiempo bajo la cúpula del Señor del Universo,
de día deambulaba solo,
y de noche me perseguía el silbido de los soñadores.

Dije: Que sea lo que sea
los espejos nos ven como quieren
y las fosas tantas como la parte de una vida destinada
dentro de su presunta misericordia.
Su silencio es infinito y su respuesta es misteriosa,
y su misericordia es de otro mundo.
El que se resigna es un soñador,
y el que se busca es un soñador
entre mil tropiezos y una misericordia.

¿No estaba solo Dios?
¿No estaba solo
el Día del Juicio Final?
¿No estaba solo ni el Infierno,
ni el Paraíso?
¿No estaba solo el ego crucificado
en su losa indefensa?

Escarbé largo tiempo bajo la cúpula del Señor del Universo,
hasta que vi la raíz y el revestimiento blanco
mis dedos esparcidos
mis uñas mezcladas con garras,
y mi piel con corteza.

Escarbé hasta los confines del abismo:

Manos ajenas levantando polvo detrás de mí,
y yo dándole la mano al río
hasta que se congeló.

Manos para consolarme,
y acariciar con ellas mi sueño ciego.
las palabras despiertan
en la punta de los dedos mientras fluyen
hacia una luz lejana.
Sus colas menean con suma gracia,
entre los dedos del melancólico humor,
donde el instante cumple la esencia del tiempo.

Manos que escriben el legado del cielo.
Alabo su nombre,
y mi alma asciende más alto que el polvo de la creación,
y más bajo que el zapato del destino.

Manos con las que me cubro la frente
cuando el día se ha ido.
Manos que expongo suplicando al cielo,
lleno de estrellas
y piedras que caen.

manos de campo
manos de devoción y asombro: manos de polvo.

Ola de tinieblas en su día
manos en blanco y negro

Manos ahogadas de Mesopotamia
manos de pechos desconcertados
manos de borrón y memoria.
Ayer, una perla estrechó mi mano.
y mis lágrimas cayeron sobre su alabastro.

Mis palabras son una mano,
mi libro es una mano.
La mano del bosque,
la mano del beso.

El tacto de la mano
la mano del pecho
el pezón de la mano repulsiva
la mano de la desolación.

El lenguaje de la mano
en su constante escarbar.
Un alfabeto canalla
con símbolos impenetrables,
y palabras cerillas
en las cenizas de las edades.

La rosa y el sello de sangre
el gatillo y su disparo a ciegas,
apuñalando y vigilando las puertas del infierno,
agitando el puño en la cara del viento
detenido por una mano desconocida en la oscuridad.

Quise girar la llave
en la cerradura de la vida.

Mi mano no era mía
y el sello estaba oxidado,
y me convertí en testigo vidente y mudo
en un tribunal de jueces obcecados.

Soy ciego
con una mano vidente.

Te hablaré de las líneas de la mano,
y de los espacios entre los dedos y las garras.
Las garras más feroces, aunque más desagradables,
escurridizas y engañosas.
Escarbé bajo ellas acomodando las líneas de las manos.
La memoria se expandió y el alma se dispersó
entre los polos de sus dos esferas.

Bebo mi vino de sus manos,
y saludo a los que llegan
a mi reino asediado.

2. El árbol de la mano

Caminaba
con la mano de la poesía en el bolsillo del hastío,
entre la realidad y la fantasía,
saludando a las rosas con mi hacha
y la puesta del sol.

Un día me desperté y dije:
Usa tus manos

oh, árbol,
usa tu ritual, tú que ahora meditas tras el velo de la vida,
con este frenesí llamado amor humano,
con la astuta virtud
que cae sobre las rosas
con su hacha resplandeciente de noche,
y envuelta en negrura de día.
Alégrense, oh pasos en los desiertos:
No hay
direcciones,
ni
calles
ni
faroles
ni
veleros,
su voz va y viene.
Las palabras las tamiza el viento y la arena las dispersa.
No hay cosecha ni siembra que siga el rastro,
más que las diosas del sutil sonido
de sus pasos sigilosos,
en lo alto del cielo.

Veo desde el auge de mi desconcierto
cómo frotas la piedra sorda
cómo la amasas en pan y la esparces por los campos
tatuados de blanco-negro.
Mi mano fiel,
la mano del engaño y la certeza.

Se me caen las palabras
de las manos.

Extiendo mi mano a mi otra mano,
se dan la mano
se reconocen
y emanan.

3. La mano y su sello

Escribí en mi tumba
la epopeya de la mano compasiva
que abrió la juventud de la creación
y se selló en el solitario agujero de la tumba.
Puedo oír su voz hasta el último suspiro de tierra:
¿De quién es esta piedra que me arrojaron?
¿De quién es este dibujo en la oscuridad?
¿De quién es el altar de este templo abandonado?

¿De quién son estos dedos que intentaron con su sello mi
testamento?
¿De quién es esta oscuridad que los llevó a mi amanecer?

—Jablonka, 16-25 de noviembre de 2007

GRITO FEMENINO

Grito
La serenidad es un grito femenino.

Manzana
Una vez me convertí en manzana
y un ave me picó.

Barcos
Cuando una manzana se parte por la mitad
se convierte en dos corazones,
y cuando se parte en cuatro
se convierten en barcos.

Lecho
El sol sale por el este
para ponerse en el oeste.

Filosofía
El amor se volvió ciego
para andar a tientas.

Recato
Una espada afilada necesita una funda
que no tiene una espada desgastada.

Paradoja
Cuanto más pequeña es la mente
más engaña,

cuanto más grande es la mente
más se expande el corazón.

Resguardo
La felicidad no se esconde
por miedo a ser vista.

Ventanas
Las ventanas son los oídos de las casas
las mujeres sus labios
y los niños sus copas llenas.

Dirección
Quien conozca el camino de la misericordia,
le ruego se ponga en contacto conmigo.

Prostíbulo
La castidad en un burdel
es una botella vacía en un bar.

Sin mente
Si la imaginación tuviera mente
se desmoronaría.

Apego
Una vez me aferré a una idea
porque tenía alas.

Miedo
Un cuchillo afilado corta
por miedo a la herrumbre.

Socorro

Un trago de tus labios bastaría
¡para curar mi boca afligida!

Olvido

Me lavé la ropa,
me corté las uñas y salí,
pero volví de prisa,
porque se me olvidó peinarme los pensamientos.

—Nueva York-Pittsburgh-Bloomington, agosto-octubre de
1993

Poemario

Deseo entre dos nubes

Dar Al-Gaoun, Beirut 2009

BLANCURA

Loma

Dije: Me acostaré en esa loma
a la sombra de ese árbol,
luego me levantaré
a recoger la fruta.
Tiraré la cáscara
a un pájaro sobrevolando con desdén,
o dejaré la fruta
para otro quebranto.

La loma se extiende
luego se eleva
como un caballo salvaje
como un vivir renegado.

Dije: Basta,
debería volver a mi casa,
ya se está poniendo el sol.

No sabía,
que bajaría
de lo alto de la vida.

—Jablonka, 20 de agosto de 2005

LA ANGUSTIA DEL CUERPO

No heredé nada de ese cuerpo
más que sus escamas dispersas
dos manos como una escoba en una tormenta
y labios para un jadeo desvanecido.

No heredé las telarañas del engaño,
ni los gemidos de una cortesana de paso,
ni el valor de las hormigas en un cementerio.
Cada aliento que exhalaba
Acababa rebotando
en las erróneas señales del cielo.

Lo que heredé
no es mío.

Me esforzaba por llenarme la boca con algo digno de ti,
Oh, llamas lacerantes,
con mi riñón desintegrado.
Quería caracterizarme
para que los pulmones encajaran
en el desenfreno de tus jadeos.
Mis pies
volando alto
y mi cabeza como un meteorito que cae.

Lo único que heredé de ese cuerpo
fue su angustia
de ser inmortal
para siempre.

—Jablonka, 22 de agosto de 2005

LABERINTO

El rincón sombrío estaba desolado,
excepto por un gato rengo
moviendo sus patas redundantes
para dar un salto de fe:
por instinto,
o urgencia estomacal
o infección de gula humana.

El cielo en busca de la virtud de la claridad,
y el polvo se agitaba en el aire
esperando la llegada de la mañana.

Ni el hambre
ni la amenaza de muerte en el laberinto del desamparo
eran probablemente adversarios parecidos
a un gesto agitado y aterrorizado
en los recovecos del pecho de Mendelbane,
entre la sombra del muro en su retirada
y el calor de la tarde donde revolotean
los buitres.

La escena era un misterio para todos.

Nada era más cruel que las garras de un gato
y su viejo pelaje esparcido
que este astuto laberinto.

—Varsovia, 7 de agosto de 2006

MEDIODÍA ÁRABE

Sin viento que abrigue
ni portazos
ni nubes sombrías
ni rocío en el prado, ni flores que sonrían
ni duende regocijándose en su soledad
ni saltamontes caminando sin resentimiento
ni liebre comiendo lo justo
ni lagarto, ni ratón de campo
-el páramo se ahoga en su letargo-
el viento busca refugio
las puertas a cal y canto
las nubes en su último suspiro
el prado pidiendo refugio en la piedra
-Oh, piedra, sé humana-
el vaivén de los pasos del desierto a la sombra de la arena
cielo y tierra
cara a cara y argumento a argumento
hasta que se revela el forro
del traje rasgado de la creación.

Las alas del polvo en vuelo
en los espejos del viento y la muerte
en el racimo de la vida.

Ni viento, ni puerta, ni nube, ni prado
ni culebra acechando a una rana
¡La gota abre la ateria de la gota
y el sol se burla!

Nadie me anima
a ser más que un ave de rapiña
merodeando por los valles y las praderas.
¡Nadie!

Si Gilgamesh hubiera buscado más allá
de la tienda de Imru' al-Qais
su búsqueda habría sido una cuenta en el ojo de Hubal
destruida por los soñadores del espacio exterior
y el paraíso deseado a la vista del día
en el teatro del tiempo.
El camino habría sido el mismo, la voz habría sido la misma
y un desperdicio el sueño.

¿Hay alguien a quien pueda llamar, que pueda llamarme?
¿Hay alguien que me dé una patada?
¿Hay alguien que me muestre el camino?

–¡¿Nadie!?
–Nadie.

—Sur de Polonia, 10 de diciembre de 2004

LA SOMBRA SE ENCOGE

La sombra se encoge y queda el árbol,
del que caen los frutos.
El viento encomia la tormenta
y el aliento la existencia.
El mar arrulla las olas
y las olas se congelan.

Nuestra vida es una ráfaga de lujuria de copas
y la edad ese misterioso camarero.

En los páramos del hambre,
la hormiga abre sus brazos
y la lágrima permanece tras los barrotes insaciables,
aferrada al empeño con su valor, su llamada,
su luz llamando a la puerta del alma:
El Salvador de lo que el hombre ha desvirtuado del sentido.

Mientras en la oscuridad,
el cuerpo ciego se tambalea
despojado del manto de la luz.

Las manos se encogen, los pies se balancean,
pero mi afecto sigue derramando
brillo en la penumbra del amor.

No hay esperanza para este faro
más que su fuego y el temblor del mar
frente a nuestro incontenible desierto.

Nota:

* Poema dedicado al Dr. Saleh Jawad Al-Ta'ameh, amigo de 'Humanizar el aislamiento en Bloom-ington", Indiana.

—Varsovia, 13 de agosto de 2005

COLORES

No hay color para el viento
No hay color para la sombra
No hay color para el agua
No hay más color para el alma que no sea su resplandor
No hay color para el alma
No hay color para la derrota
No hay color para la victoria
No hay color para la edad engañosa
No hay color para la insensata poesía
No hay color para la hipocresía
No hay color para Dios
No hay color para lo invisible
No hay color para la ceguera que no sea la oscuridad
No hay color para la malicia sino su mueca
No hay color para la soledad que no sea su compañía
No hay color para la muerte que no sea su trance
No hay color para la vida que no sea su presencia
Ningún color para el color
Ningún color para la resurrección.

Sin embargo, el amor
es el color del florecimiento y el manifiesto.
Tiene encanto y emanación.

—Varsovia, 12 de marzo de 2005

ELOGIOS DE DOÑA "SI..."

Si recogiéramos agua, la arena sería limo
si recogiéramos la melodía, la vida sería una canción
si recogiéramos el viento, el universo sería una tormenta.

Si nos enjugáramos las lágrimas,
vivir con Noé no sería suficiente si Noé supiera la verdad
ahogaría a toda la humanidad. Si juntáramos todo el fuego,
la nieve aún lloraría si taláramos el bosque,
seríamos como los lobos,
ellos en su reino y nosotros aullando.

Si reuniéramos a los profetas en un país
todos seríamos desgraciados.

Si elimináramos a los poetas pretenciosos,
a los de la calumnia y la desinformación,
y la alabanza y la veneración,
la poesía se convertiría en remedio para curar el alma,
se convertiría en alimento y vestimenta,
y saber, gratitud y revelación.
Si Dios descendiera de sus alturas
las palabras quedarían vacías
y el universo se lo llevaría el viento.
Si sólo la esperanza, Señora,
fuera otra que su encanto
yo sería una copa vacía
o un fantasma
apretando un puñado de viento.

Si nos quitáramos el alma
el cuerpo se convertiría en un ataúd
y la imagen de Génesis
en nuestro eco inválido.

Nota:

* A Mustafa Zanganeh, mi valiente amigo salvador de las garras de la muerte, y el proveedor de mi escape a través de Zakho, en la noche del despertar y la resurrección.

—Varsovia, 4 de marzo de 2005

LÁGRIMAS DE TINIEBLAS

Toco el delicado haz de luz
y lo examino con ojo cansado,
cortando el polvo con mis dedos
ante mi exhalación.

La luz echa una mirada despreocupada por el cuarto, – se
acerca a una silla
y la patea, despojándola de las pálidas cicatrices
y puñaladas de la hospitalidad / de la ansiedad de ser.

Toco el haz de luz y veo la oscuridad
encastando en el harén de la alfombra colgada
desde hace mil y una noches,
en la pared de un viejo guerrero desesperado.

Veo la oscuridad multiplicarse unas veces,
y otras acurrucarse tiernamente en un rincón descuidado
donde los títulos se amontonan y claman:
"Mein Kampf", "Memorias de un verdugo", "Mussolini",
"De los discursos del Sr. Presidente",
"De la Historia de la Tortura en el Islam",
"Horrores del Día del Juicio Final", y así sucesivamente…
El chillido se convierte en un puño de oscuridad
goteando de sus dedos.

Las paredes bostezaban
y los artefactos estiraban sus músculos
esperando una nueva ronda.

La luz secaba las lágrimas de las tinieblas
con el pañuelo del amanecer.

—Varsovia, 18 de diciembre de 1994

REVELACIONES DE ÚLTIMA HORA*

Se despidió de mi, diciendo:
¿Te das cuenta ahora, poeta favorito, del significado de mi desprecio
por el rebaño que se arrastraba en busca de más perdón?
¿Ahora sabes por qué me he perdido la deseable misericordia?
¿Merecen estos necios astutos
mi vida antes de mi muerte?
¿Te arrepientes ahora de haber sido mi lengua,
mi voz y, a veces, mi conciencia?
Me muero sabiendo que mi negro es blanco,
y mis piedras estatuas elocuentes.
Dime, si las estrellas moribundas
son más amables conmigo, y si los muertos separan mis zapatos de las cabezas...
Al fin y al cabo, los villanos de pacotilla suelen dar de sí.
Volvamos al punto de partida que es más divertido.
¿Ves a la gente llorar de alegría ahora,
por la falta de "esperanza en el futuro",
o porque se les cae el alma en el abismo de la nada?

Señor: No puedes
     morir.
     Todo gira en torno a ti.
     Llorarán por ti la negrura y los periódicos vacíos
     las tumbas y sus entierros, las vendedoras de flores
     las lloronas del país y sus tascas
     las águilas errantes
     los gusanos llorarán sangre por ti
     y los tambores seguirán tocando el himno del asedio.

Señor: No morirás.
Quién muere = Yo
De hecho,
Estoy muerto desde que nací.

Nota:

* Diálogo entre un tirano y su poeta.
* Del libro, *Deseo entre dos nubes*, Dar Al Ghawun, Beirut, 2009.

EL CUENTO DEL NIÑO

Ha sido una larga espera
oh, niño,
descendiendo por del mundo
o ascendiendo a la cima de la montaña,
inmerso en la contemplación de la condición humana
envuelto en el relincho de la memoria,
imbuido de las virtudes de los santos
y soñando con la eterna salvación.

Los días pasaban volando
como criaturas aladas,
donde los aullidos de los supervivientes
ensordecían los campos y los caminos,
rasgando el velo de la memoria.

Los momentos engendraban
gemidos que chocaban con el cielo y se estrellaban
contra el reino del polvo.
Los pasos ya no podían detenerse
para que la edad recuperara el aliento
entre las alas de un cuervo,
entre ausencia y ausencia.

Corriendo desnudo, el niño se fue
tropezando con el tiempo.
El acicate de la civilización lo envolvía
en un sombrero de esperanza
en su búsqueda del hogar.

Casi gritó;
"Dame una fronda o un sonajero
antes de que el cuerpo se derrumbe".

Cuando despertó de su ausencia
tenía en la mano
una piedra dentada del palacio presidencial,
y una coz del caballo de Calígula,
un sonajero y un casco agujereado y oxidado.

—Varsovia, 21 de agosto de 2005

FANTASMAS Y SOMBRAS

Lanzo mi guante agujereado al viento
que lo recoge aterrorizado,
tras una caída desproporcionada a la corriente.
Una mujer calva
con sólo el brillo fugaz en la cabeza
y el rubor del sol jurado a la oscuridad.

Mis pasos se confundían
con el engaño de la luz que acechaba en la oscuridad unas
veces
y otras se arraigaba en la pared,
corriendo detrás o delante de mí
dibujando la sombra de un ángel caído con alas rotas,
o la estructura distorsionada de un espacio
barrido por el viento,
o el fantasma de un camino desconocido
recorrido por un ciego.

—14 de febrero de 2006

CUCHARA

Cada cuchara vacía
que pretende estar llena me recuerda
la decepción de los hambrientos.
Le pregunto:
¿Qué hace que la mesa
anhele la ternura de la carne,
cortándola y luego desmenuzándola
con malicia y alevosía?
Las cucharas no tienen
ni alma ni poder.
No responden, ni se doblegan,
pero su torpeza y concavidad
me hicieron dudar de su utilidad.

Golpeo la mesa
y los cuchillos caen sobre mi costado.
También un cucharón
un tenedor
y un aullido.
No fui un héroe
así que me retiré, confundido y humillado.

Cada cuchara vacía
tiene un cuchillo, un tenedor y un novio,
detrás de ella hay una cuchara rellena.

Cada cuchara vacía
se quedó impregnada
de mi sangre.

—Varsovia, 27-28 de julio de 2000

MUSEO DE LOS RECUERDOS (1)

Del diario de una ciudad*

Como un soñador en pos del mundo
la pobreza solía seguir mis pasos.
La blanca columna era mi brújula y mi himno.
Los muros del cementerio se ensanchaban
el farol se mezcló con la oscuridad de la muerte,
y la rosa cautiva con la copa de los ausentes.
El funeral encantado de día —se volvió por costumbre— de
noche.

El sepulturero era el arquitecto del reino de la arena
y el excavador, su imán.
¡Viva la arena!
¡Hola, hola!
Excavador ciego,
espolón del exilio.

Este sangrado de arena y esas pedradas.
El eterno ritual de los muertos en memoria de los vivos —las
piedras—,
cautivas en el disfraz del mundo.
Esta cripta que todo lo abarca,
el tesoro de Dios en la tierra o la herida sangrante de Náyaf
en nombre de sus antepasados.

Como un soñador en pos del mundo
la miseria solía seguir mis pasos.

Los muertos tiraban de mis túnicas,
y los gemidos me alejaban a patadas de los muros de los sacerdotes.
El leñador y el bosque no me reconocían.

No hay límite para el reino de la arena.
ni para el cementerio del borrón,
ni para la hemorragia del olvido.

El exilio del sentido es sagrado.
¿Tiene algún sentido
este empeño?

Nota:
*Al poeta Abdul Ilah Al-Yasiri.

—Varsovia, 29 de julio de 2000

MUSEO DE LOS RECUERDOS (2)

1. Tropiezos

Cuanto más se dobla el alma
más tropieza el cuerpo
y cuanto más envejezco
peores son mis pecados.
¡Ah, si envejeciera!
Y mil ahs, si persistiera
mi descuido, ¡pero no mis pecados!

2. Plumas

Me agacho ante el viento
para dejarlo pasar,
agacharme o no agacharme,
mientras vea tras él
una nube de mis plumas
esparcidas por las lomas.

3. La última aurora

Ayer.
Lo único que queda de ayer
es una aurora
y un beso sediento
al terciopelo de la juventud.
Ayer es todo lo que queda
de ayer.

4. Museo de los recuerdos

Esta mancha persistente
en los bordes de la colcha
no era otra que la lágrima de mi hermana
que pasó su vida de solterona
esperando la boda.
Esta mancha persistente
es todo lo que una vida decente ha dejado
en el museo de los recuerdos.

—Varsovia, 4 de marzo de 2001

INVITACIÓN A BAGDAD

Recibí una invitación de mi amigo y compañero en las buenas y en las malas para visitar los santuarios sagrados, los templos de los santos y los místicos, Bagdad, las tierras kurdas, la familia y algunos amigos dispersos entre los cementerios misteriosos: El laberinto de ayer y de hoy, los museos de piedras sordas y de mentes encarceladas, el desconsuelo de las laderas y las llanuras, la inquietud del campo y la carcajada de la ciudad. Así me dedicaría, tras una larga ausencia, a conocer el terco intersticio, y comprender la boda de la vida y la muerte en la nueva telenovela.

La idea de la visita no me era ajena, ya había hecho mi maleta de piel de cerdo común, después de que la única estatua de Iraq en la Plaza del Paraíso se cubriera de sangre, después de que aclamaran los santuarios, y tocara la hora del Día del Juicio en el Museo Nacional, y los espíritus y las velas flotaran en los dos ríos, después de que las casas se quedaran vacías y las calles desbordadas, nos encontramos en un bar o en un depósito de cadáveres: En Ciudad Sadr o A'dhamiya, las piedras persiguiendo a las piedras y las hierba siguiendo a las hierbas, la mano vendando a la mano compasiva, después de que la negrura hubiera cubierto lo blanco, y fuera imposible ver lo hermoso entre el público, porque este público está muriendo del todo, para renacer en la Plaza del Paraíso como un espíritu totalmente libre de las garras de las tinieblas.

Para que diga el otro, de cerca y de lejos: Déjalo en su maldad, a este huérfano coronado de sueño, tiranía, fe y hechicería, este huérfano insensato y canalla, víctima y verdugo, este huérfano antiyo, huérfano de historia, de pesadillas y amargos desvelos, de amores y asesinatos –locales e importados–, deja a este huérfano en su orfandad y su olvido, y que la muerte se apiade de él, ¡qué la piedad sea femenina!

La idea de la visita no me era ajena, pero las lágrimas de mi madre y la compasión de los extraños me hicieron más sabio, sagaz y aferrado a mi vida. Reforzaron en mí el principio del escepticismo. Me volví más cauto, yo, el beduino inocente y necio, el enterrador de espejos, el guardián del burdel humano, y el creyente en el más allá y su contrario. Empecé a engañar a mi amigo que me invitaba, con poco oído, y con mucho ajetreo y enfermedad.

No sabía que la amnesia era mi enemigo porque pondría al descubierto mi desamparo y mi deseo de cumplir con la visita.
Invité a este destino a comer, con la esperanza de que me ganara en nuestra eterna búsqueda. Después de gastar lo que tenía, me despedí diciendo: "nos veremos en la calle Mutanabbi o en la Plaza del Paraíso". Mi único amigo y compañero se puso a reír a carcajadas después del festín y dijo: "Oh, tonto, ¿cómo puedo seguir solo después de la sospecha y la muerte, y tú siendo mi sombra?"
Tonto, ¿cómo seguir…?

—Varsovia, 8 de enero de 2005

EL KARMA DE LA VIDA:
Versión editada

Mi encuentro con el árbol
postergado por los leñadores.

Mi encuentro con el río y el ruiseñor
postergado por la sequía crónica de mi país.

Mi encuentro con la hojarasca y los santuarios
postergado por el infame sacristán
y el astuto turbante.

Mi encuentro con la copa
postergado por mi mano sangrando
contra los labios.

Mi encuentro con el amor
postergado por
un beso infiel y apurado.

Mi encuentro con mis padres
postergado por el secuestro de la ciudad
y la violación de las calles.

Mi encuentro con la muerte
postergado por las prioridades.

Mi encuentro con Al-Mutanabbi
desplazado por el exilio
y desorientado por los eruditos del cielo.

Mi encuentro con la llanura y la montaña
la pluma errante,
la palmera ardiente,
los versos peculiares de Abu Nawas,
y el café municipal,
en la ciudadela de Kirkuk y su espiga martilleante
junto a las lagunas.
Mi encuentro con mi amor postergado en las nubes,
destrozado bajo las botas de un soldado,
desde cuyo techo,
veo el cielo de mi país.

¿Existe una enemistad entre Dios y yo?
Tan en vano son mis sueños,
delirando en los basureros de la memoria,
y tan lejos están mis pasos?

Mi encuentro con la palabra
postergado por miedo a perder la noble intención
en la morgue del significado.

Mi encuentro con la poesía
y mi fin
en una vida postergada.

—24 de febrero, de 2006

CUERPO, SEPULTURA Y ORACIÓN

La tarde bebiendo su vino
del cuerpo del ocaso,
abluciones en rosa y reverencias al arcoíris,
flotando en el espacio glorioso
rindiéndose a la gravedad de la tierra
y vertiéndose en la copa.

La oscuridad era tenebrosa,
los caballos relinchaban, y de repente
las plumas de los pájaros cayeron del cielo.
El sol se perdió en la oscuridad
y las entrañas de la tierra y los árboles se hincharon
de sueño, y luego las reservas de la creación estallaron
en una sonora súplica a los dioses de los ídolos y del yermo.
Piedra, piedra sobre piedra.
¡Vivan los dioses de las piedras, las azadas y las hachas!
¡Vivan los cálices vacíos
del vino del cuerpo postrado,
esperando llenarse de nuevo!

La escena era sombría,
y una cabra miraba desde arriba,
gritando: "Vamos, amigos,
machos cabríos del mundo civilizado,
acérquense y caven aquí una sepultura
para Moisés, Jesús y Mahoma.
Recen eternamente por ellos,
y bailemos en el valle

saltando en la colina ardiente,
regocijándonos, felices
de dejar caer nuestros cuernos
tras nuestras oraciones paganas".

Nota:

* Poema inspirado por nuestras almas desnudas: Beirut - yo. (canción de Jad Shwery, Tiara Waheb y Juliano Hannah).

—Varsovia, 8 de agosto de 2006

DE LOS DIARIOS DE SAADI YOUSSEF

Entre el sueño y la vigilia buscaba
un refugio para la familia de los perdidos.
Esperé demasiado
porque no había madera
que sujetar ni alquiler que yo creyera flexible,
sin un guardián que llamara a la puerta del alma:
Tu exilio, Saadi, y el nuestro.
El difunto, —que la Misericordia de Dios sea con él—,
iba corriendo palmo a palmo, dejando
huellas rojas en el camino,
gota a gota de su aceite rítmico,
encendiendo velas, y de perlas la bahía floreció
y en el río se colmó de sueños de novias
y santuarios exóticos.
Los sueños eran salir de la manada,
volar más allá de la distancia
y volver con aceite y pan en la mano
y tener un huerto en casa.
Los sueños eran la distancia del ausente
de su familia tanto como su excusa.
Éste era el sueño de quienes caminaban
por los laberintos del tiempo iraquí,
entre el exilio en busca de sentido y
la búsqueda de un exilio para cantar.

Descubrimos la topografía que los juristas forenses
evidenciaron…

"Las casas como la tiza se borran
de la tierra y se borran del agua".
La definición del dolor ha menguado.
"La verdad es una piedra",
¿Es la verdad una piedra?
"Yo dije: "¿Qué te parece si vamos?"
Te fuiste al lado peleón.

Yo estaba en mi búsqueda o en la tuya
entre el sueño y la vigilia,
buscando un refugio para la familia de los perdidos:
La poesía y la oruga del poeta.
Estaba hurgando en el hueso de mi memoria
mi sueño gritaba en la vigilia,
tú gritabas ayer recordando el Holocausto,
y el destino nos separó
en las trampas de la vida en que te convertiste,
filosofando como un pícaro burlón
muy cerca
de la topografía de las nubes.

Es mortal
el juego del destino
en el otoño de la vida.

Nota:
* Todas las citas entrecomilladas proceden de la poesía de Saadi Youssef.

—Varsovia, 18 de junio de 1999

Poemario

Paraísos, Ciervos y Militares

Dar Al-Mada para la Cultura y la Difusión,
Bagdad-Damasco, 1998

LA ALIENACIÓN DEL POETA
Y LA MISERIA DEL POEMA

Este poema desesperado e imposible
¡El naufragio de un alma o la desviada emancipación
sacudida por el exilio y devorada como un gélido pájaro!
Cuando le pregunto, ¿por qué este llanto?, oh enemiga
de mi consuelo,
Corre y me da una palmada en el pecho,
y nuestros corazones sangran de afecto retumbante
y lloramos.
Este poema de fuego,
una elegía de lo que está por venir,
un canto de paloma y ruina
un conflicto en el alma o
un frasco calvo
derramándose al volver,
de exilio en exilio.
Este misterioso discurso que fluye
Estos desolados desiertos y páramos
Espantapájaros de poetas y voces enterradas.
Este siseo salvaguardado
por la sangre del profeta
y el poeta sin más voz
que su eco
ni más vino
que su sangre.
Su santuario es la palabra
y su altar es el discurso.

Este siseo en busca del alivio de una palabra,
mi sangre
mi sangre
sangre
sangre

—Varsovia, 30 de octubre de 1980

PARAÍSOS, CIERVOS Y MILITARES

Me contento con palabras amargas
con una espiga seca,
me contento con ramas rotas
diciendo: Este parque forestal desaparecerá,
me contento con sopa y agua de uvas,
me contento con esperar el eco de la tormenta
resonando entre la quietud y yo,
me contento con el alboroto de la oscuridad
diciendo: Muy pronto vendrá
y me lavará la cara con su rocío,
me contento con cunetas y recuerdos
con piedras en otoño convertidas en manto,
con una serpiente acechando tras mis costillas, diciendo:
tal vez en un sueño venga (la bella) y viene.

Al paso de las estaciones, me contento con el balbuceo de la
memoria,
con el arrebato de las estrellas, el vigor del pulso, el susurro,
el tacto y el acto,
con la crueldad que no llega.
Me contento con lucir mis alas de cuervo,
con algo que bendiga mis pasos
y una montaña de polvo que caiga sobre mis penas.
Me contento con lo que han dicho los pícaros,
los locos, los pobres, los profetas y los sacerdotes,
me contento con los monstruos que no llegan,
(Ellos emergen /con la marea de su duelo),
me contento con los paraísos en su cuna,

con ciervos lamiendo llamas,
y militares astutos que menguan sin cesar,
y un pasado que ruge.

Me contento con el rocío que el pájaro pica,
me contento cuando el sueño picotea mi noche con su pico
o me revela que el principio es más duro,
y que el invierno es una piedrecita.
Me contento con el bastón de mi abuela y el patio con una
tetera y una jarra de agua,
el manto de mi madre, el rosario de mi vecina y las frondas
cobijadas por las costillas de las víctimas.
Me contento con tan poco,
pero al final, no me conformo más
que el cuello de lo imposible.

—Varsovia, 11 de junio de 1992

PREGUNTAS PERMANENTES

Detuve un halcón en las sombras,
y le pregunté:
¿Cuál es el secreto de esta lucha?
Me contestó: cuando los países se convierten en una prisión,
y marcharse se vuelve un entierro.

Detuve un alma desconcertada,
y le pregunté
sobre el manifiesto de lo invisible.
Me dijo: Si te vieran, estarías muerto,
y si te exaltaran, te extinguirían los demás.
Serías un bosque y una antorcha.

Detuve una gota que caía de la moza niebla,
y le pregunté por una hierba de un pueblo cautivo.
Me dijo: allá voy para que se convierta en parra.
Me detuve a mi mismo y al eco.
Detuve un universo de alboroto y asfixia.
Detuve a mis enemigos y a algunos amigos.
Detuve una herida sangrante, una hemorragia de días.
Detuve a carceleros, torturadores, enfermos psicópatas,
generales sin soldados, y soldados lisiados,
mujeres divorciadas, seres desplazados
del planeta desierto al planeta gitano.

Detuve lo que pudiera detener…
y les pregunté:
¿Hay alguna esperanza?
Me dijeron: Espera.

—Varsovia, 4 de julio de 1988

VOLVER

Volvimos de la guerra
el amor al amor
y yo a la poesía
mientras caminábamos por la ruta
mi amada desvió hacia el mar
y la poesía voló alto
en una bendita nube mágica
acompañando las llanuras y las praderas.
Pronto toda la tierra se cubrió
de rosas y vino
cundiendo el infinito...
De repente
el mar se secó
y la poesía se hizo extranjera
en un país de piedra
donde el rifle
donde el rifle
gozaba de su privilegio por encima de los árboles.

—Varsovia, 4 de abril de 1980

EL PROYECTO: UNA PREGUNTA

Fuego, viento y lluvia,
tres, creciendo desde tiempos remotos
tres en cada enfoque recién nacido
transformados en un nuevo esperma de antaño
en tu rostro majestuoso,
Oh, Señora del Tiempo.

El camino es solitario excepto en los confines,
con luz e incienso.
La primera noche y la siguiente
juntos dimos vueltas en el esplendor de Oriente,
pero en una calle lateral
perdimos nuestros pasos orientales.
Dije (sin sabiduría ni retórica):
¡Empecemos con un paso ardiente,
empecemos la nueva noche
desde el sendero de caballos y callejones llenos de baches.
(Voces. Voces).
   Fuego, viento e incienso
y la voz de una nación cantando
tras un coro de polvo y metralla!
Las cosas se entremezclan
como una nación y un coro desde tiempos inmemoriales.

¡¡No hay salida entonces!!
El viento se ha convertido en brasa
y el fuego en terremoto.
Lo único que queda de la insensata noche es un último trago

en la botella,
o un infarto.

La muerte o el origen de la reflexión
la tristeza o la gracia de las cosas
el amor, el regodeo de todos por un nuevo despertar.
El fuego, la pregunta y las calles
la pregunta y las calles
la pregunta
la pregunta...

(Voz. Experimento. Ser humano).
Tres enfoques en cuestión,
convertidos en esperma o experimento
en la última noche violada.

—Varsovia, 17 de septiembre de 1977

MONÓLOGO DEL CUELLO DE PIEDRA

– ¿Hasta dónde llega el cuello de piedra?
Como si yo fuera polvo, humo de sangre que se desvanece,
no como si apagara mi fuego,
yaciendo en él y avivándolo.

– ¿Hasta dónde llega el cuello de piedra?
Mi cadáver es una potra, y mi sangre es un carro
jorobado, jorobado mi cuerpo y mis costillas
clavos de madera.

– ¿Hacia dónde corres como un fuego encendido, apagado,
en llamas,
semejante al destino
con esta víctima?

—Kirkuk, septiembre de 1974

BABILONIA EN BUSCA DE BABILONIA

Babilonia...
Todos conocen su torre y sus templos,
su silencio y sus tumbas.
Una sola piedra,
tras el golpe de un pico,
basta para gritarnos: "¡Ba-bel, me están matando!"
Babilonia...
Todos la buscan.
Sangre biónica
piocha mágica.
Babilonia dinamita
en busca de
Babilonia.

—Varsovia, septiembre de 1980

ENTRANDO EN UN ESTADO DÓCIL
—A los amigos extintos

Ay de mi escarnio por deletrearme
ay de mi pérdida, mi eclipse, mi fractura, mi disolución, mi
desafío
mi sangre, regalada de hacha en hacha, y mi sangre
sangrando de copa en copa.
Ay de mi madre y de mi padre, y del Profeta,
todo lo que he dicho es un delirio
todo lo que he dicho a las frondas
es pura ruina.
Todo lo que Ishtar nos ha dicho es terror y desaliento,
todo lo que han dicho los profetas es una hemorragia moral
que no vale ni un gemido ni el grito
de la cabeza colgante de un travieso.
Cada vez que los árboles dicen:
"Guarda el hacha de otoño",
una rama se quiebra y se rompe.

Ay de mí, de un país dócil,
de un Éufrates que se ha convertido en un mar inexistente,
de un país, un amigo y un enemigo disfrazado de amigo,
tomando el té en un bar llamado "La Nación".

—Tizi-Ouzou, 24 de enero de 1986

POR FAVOR

Sujeta mis manos de metal
y mis hombros erguidos,
sujeta mis ojos de porcelana
y mi nariz ganchuda, mi desilusión,
sujeta mis dedos de madera
mi frente de arcilla y mis dientes de caña,
sujeta mis pasos y mis ecos,
sujeta mi lengua que se extiende hasta el final de la cordillera
y todo lo que me convierte en rey,
líder o héroe,
y deja
mi crudeza y el ceceo infantil,
deja la agudeza de la imaginación y la liberación del alma
y mi corazón de oro.

—Varsovia, 12 de enero de 1984

CANCIONES DE LOS POETAS
ELEGÍAS DE LOS POETAS

Somos los poetas del elogio y de la sátira, los místicos sufíes tradicionales, los deshonestos*
los revolucionarios surrealistas, los escandalosos*, los pobres, los estériles, los pelados, los aman-tes, los obreros, los campesinos, los artesanos y los estudiantes.
Somos los poetas de cuello negro, rojo y amarillo.
La tierra camina sobre una montaña de rosas cuando amamos,
y el viento se convierte en perfume, las nubes en vino y las palabras en copas.

Somos los poetas débiles y derrotados, arrastrando la tierra hacia un volcán divino.
Lloramos y lloramos hasta que llega el diluvio, por si llegan a atacarnos,
nosotros, los poetas malvados, indecentes, rufianes, patanes y psicópatas,
los enfermos, quejosos, bocazas, vociferantes*, demoníacos, inmundos,
los vagos, descarados, cotillas, borrachos, sodomitas, y necios,
los obscenos* desamparados, olvidados, parias desterrados y exiliados.
los cautivos encarcelados, suicidas, asesinados, los muertos, los muertos en vida,
los arrogantes*, excavadores y sacerdotes.

Podemos gritar, o rugir, rugir si tenemos hambre,
hasta que la tierra se abra y el hambre entre humillada.

Somos los poetas sabios e ignorantes,
los niños, los niños, y los niños.
Nada odiamos más que el momento
en que la libertad
se convierta en mendigo o en pirata nacional.

* "Los deshonestos": los débiles de opinión y engañosos, que mienten en exceso y actúan sin ética.

* "¡Los escandalosos" y "los vociferantes": los explosivos y exagerados que gritan y discuten demasiado para llamar la atención.

* "Los obscenos": los lascivos, repulsivos e inmorales.

* "Los arrogantes": los altaneros, engreídos y orgullosos..

—12 de agosto de 1983

EL ENVASE DE LA LENGUA

El envase de la lengua
es rectangular
el envase de la lengua
es circular.
Sus bordes sobresalen como el sueño de un cautivo
si el viento sopla sin piedad
gira y se arrastra como un buitre herido.
Cecea y un gruñe
jadea y suspira.
Tiene el hocico de una bestia y la cabeza de un ángel
tiene el canto de una flauta y el oído de un viento.
El envase de la lengua
es de porcelana o de damasco
un faro de Cuaresma y un cáliz
traicionero, un triángulo amoroso y una puñalada mortal.
el envase de la lengua
es un objeto desesperado y un acicate imposible.

—10 de noviembre de 1992

EL PRINCIPITO

La tierra fue diseñada
a tu medida,
el agua fluye hacia tu cuerpo cristalino
y tu pequeña tierra
de sangre dando vueltas.
No abandones del jardín,
a tu alrededor hay ruido y desolación,
infancia en el polvo.
No asientas
ni con un dedo cortado,
y ten cuidado de los sermones,
que matan la ternura en tu alma
hundiéndote en temblores y angustias.
Así fue diseñada la tierra
con tu pulso dorado,
el viento
el trueno
y la lluvia,
arremolinando en tu espacio desconocido,
y flotando
en busca de una gota en llamas.

—Varsovia, 1980

EL ROSTRO AMARILLO DEL HAMBRE
—A Hussein Mardan

Agarra una hoja de papel
agarra una lapicera
agarra una piedra.
Llévate todo lo que quieras
y déjanos una…

Cuidado con tocar una silla,
cuidado con mover el aire,
¡Se muere de hambre en un poema!
Agarra una hoja de papel
agarra una lapicera
y dibuja un cigarrillo en tu asiento,
un barco y la imagen de una infancia infeliz y depredadora.
Llévate la vieja melancolía
y déjanos los poemas de hogazas,
llévate las desnudas preocupaciones poéticas,
y déjanos la experiencia de las palmeras, la cárcel y la
integridad de la consciencia.

Agarra una piedra y una imagen
ahora trata de escribir los ojos
y después de que tu tinta se haya secado
coloca las nuevas piedras en el patio,
cerca de las mujeres y las flores.
Después de un momento, ¡una palmera partirá la tierra y las
cárceles se cerrarán!
Los impuestos permanecen…

La ropa permanece…
Las terrazas permanecen…
Vacías, vacías
excepto por el polvo y las alegrías desamparadas.
Llévate a un héroe derrotado
llévate a un indigente,
y dale pan.
Escribirá poemas, creará el pan.
Los poemas permanecen…
Las alegrías permanecen…
Vacías, vacías
excepto por el ruido y las sílabas repetidas.

Agarra una hoja de papel
agarra una lapicera
y en tu asiento dibuja una novia y un barco.

—Varsovia, abril de 1977

EL MONSTRUO

El monstruo, solitario, arrogante, despiadado y torturador que llevo dentro,
no es mi vivir marchito en una maceta, ni mi quebranto
a la luz de las viejas prendas tras las que solía esconderme, suplicando ayuda.
Es mi obsesión por la fragmentación: Tener un pie en un guijarro y el otro
en la boca de un cañón; tener una mano en la lanza de una tribu extinta y la otra
en un bosque extraño e infinito; hacer lo útil y padecer que te quiten lo grande;
querer que lo que pisas sea sólido, y no poder; contemplar y no poder por un momento el destino de la quietud, el colapso de las manos, el enredo de las galaxias y la efusión de la maldición acompañada de las puñaladas del desvanecimiento; querer que tu alma salga y no hay manera de forzarla a volver dentro, atiborrada de tabúes y basura.
El alma se desgasta, los dedos se encogen y se desvanecen…
La muerte ya no es el límite, ni la última milla que tienes que recorrer,
basta con estar separado y no poder tocar tus órganos dispersos.
Hace tiempo susurrábamos: Teníamos tiempo de sobra.
Esta brecha se estrecha, se estrecha, se estrecha, de modo que si asumimos
que en el pasado no pudimos realizar nuestros sueños, ¿seremos capaces de lograrlo en un espacio que se estrecha, con sus hierbas y carneros, con sus ranas vencidas de reproducir blancuras,

y los huesos de sus crías convertidos en murciélagos y garrotes?
Esto es lo que responderá el espacio entre dos pechos desgarrados,
llamando a un monstruo.

—Argelia, Tizi-Ouzou, 31 de enero de 1986

LA TORMENTA

Las alondras saltaban, y yo me magullaba el alma,
persiguiendo las partículas de polvo
que se me escapaban.
Había una herida de arroyo, rastros de un pastizal, sombras
de ciervos,
y una serpiente jugueteando junto a un arbusto que me
recordó el sueño de mi abuela,
(Quería su tumba de sauce y frondas).
Las alondras se dispersaban furiosas por el espacio,
distrayéndome y compadeciéndome.
¿Me advertían de algo?
El viento soplaba, los pasos se extraviaban, y las perdices
volaban por todas partes.
Vi piedras corriendo, arbustos implorando a supervivientes,
y rayos de sol disipándose tras los barrotes.
Un crepúsculo que arañaba las alas de una tormenta
custodiada por insectos
de metal y extrañas manadas de alas voraces.
Las alondras fueron abatidas, y yo me golpeaba el alma,
agarrándome a los átomos de la vida que se me escurrían
entre los dedos.

—Ammán, 5 de julio de 1992

ACERCA DE LA POESÍA Y LOS POETAS

* Contemplo el borde del agua, esperando al que camina sobre ella.
* El poema que no viene a ti vestido de globo,
tienes que resucitarlo después con las alas del cielo.
* Llora, llora, poeta,
que tus lágrimas se conviertan en perlas.
* El prosista al poeta: Yo era poeta antes.
El poeta: Si fueras realmente poeta, no habrías abandonado la poesía.
El prosista: Todo lo bello es fugaz, y todo lo fugaz está iluminado por su levedad.
El poeta: Lo único que anhelo es arder en mi glamour.
Vi a un poeta volando,
y una montaña en llamas a sus pies.
La imaginación es emanación y la mente es su cerco.
* Oí decir a un poeta:
Dios mío, Dios mío,
¿Por qué no me oyes?
¿Es de piedra tu corazón?
* Oí decir a otro:
Ojalá fuera un guijarro
para que nadie entrara en mí.
* Oí decir a un tercero:
Si yo fuera el Profeta del Señor,
le imploraría que nos salvara de los poetas.
* Oí gritar a un octavo:
Todo lo que los tiranos han dejado atrás
no vale ni los recortes de uñas de una hierba moribunda.

* Oí murmurar la poesía:
Todo lo que han dicho los poetas
no vale ni un recorte de uña,
y soy lo que queda.
* Vi a un poeta apretando un bosque
en busca de una imagen poética.
* Oí a un poeta decir:
Abran de par en par, oh puertas
¿Por qué están cerradas?
* Vi a un poeta llorando,
y le pregunté: ¿Qué te pasa?
Me dijo: Perdí a mi amada entre la multitud.

—Varsovia, enero de 1992

CANTO Y MUERO

Por las amadas que se han alejado, emigrado, crecido y perdido en la oscuridad,
canto y muero.
Por las amadas que no han podido venir, que aún no han alcanzado la pubertad, que han de-saparecido en busca del amor,
las abatidas, dormilonas con los dedos jugando con el viento,
las liberadas del aburrimiento,
las que huyen de sus hogares anhelando un beso,
las rebeldes con cabellos y labios alborotados, vestidas de almendras y seda, las cortesanas palabras femeninas,
por las sagradas y santas amadas,
canto y muero.
Por los amigos presos en las cárceles de los tiranos,
los niños que trabajan en campos geriátricos, los niños proxenetas por coerción,
los sacerdotes mendigos,
los campesinos que trabajan en minas de carbón o laboratorios,
los profetas derrotados, los poetas olvidados y las palabras abandonadas,
los amigos y camaradas sagrados y miserables,
canto y muero.
Por las palabras vírgenes, las muchachas a quienes se les prohibe amar, los dioses caídos,
los demonios de la poesía, el temblor y el caos,
las lunas doradas del "Vístula" y la música.
las amadas sagradas que irradian en la oscuridad,
yo canto y muero.

—Varsovia, 8 de enero de 1982

Agradecimientos

Quisiera agradecerle a la poeta, Dra. Khédija Gadhoum su nueva iniciativa y su esmero al seleccionar estos poemas originalmente escritos en árabe y traducirlos al español, una lengua con la que tengo profundos sentimientos de amor y afecto.

Mi más sincero agradecimiento al ilustre poeta, traductor, crítico, editor y académico, Dr. José Sarria Cuevas, por acoger y publicar esta nueva Antología Poética en su renombrada editorial, Poéticas Ediciones, en España, una tierra de hombres y gestos dadivosos que nos acerca a todos, en nuestra búsqueda humana, literaria y espiritual.

Hatif Janabi

ÍNDICE

NO SE PARECE A SÍ MISMO, CON POEMAS POLACOS

SILENCIO